상투어

언어 · 담론 · 사회

뤼스 아모시 / 안 에르슈베르 피에로

조성애 옮김

東 文 選

상투어

언어 · 담론 · 사회

R. AMOSSY A. HERSCHBERG PIERROT

STÉRÉOTYPES ET CLICHÉS
langue, discours, société

© Éditions Nathan, Paris, 1997

This edition was published by arrangement
with Éditions Nathan, Paris
through Shinwon Literary Agency, Seoul

차 례

서 론

독일인들은 이런 농담을 즐겨한다: "이 세상에서 가장 짧은 책은?——독일인 유머 4천 년." 이 이야기가 모든 사람을 웃기지는 않을 것이나, 바로 스테레오형의 표현, 틀에 박힌 판단의 문제를 신랄하게 제시하고 있다. 마찬가지로 'essuyer une défaite'[1]와 같은 표현은 관용적이며 진부한 표현, 기계적인 언어 행위로 무시될 수 있다.《사회 통념 사전》은 다음과 같이 설명하고 있다.

DÉFAITE S'essuie(실패가 닦인다)——이 말은 너무나 완벽해서 누구도 새로운 표현을 덧붙일 일이라곤 없다.

일상어에 대해 말할 때, 클리셰·스테레오형·일반 공론·사회 통념들에 대해 언급되어지나, 전사(轉寫)는 오늘날 거의 언급되지 않는다. 이 말들과 개념들은 분명히 구분되지 않지만, 전체적인 느낌은 부정적이다. 약 1백 년 전부터 언론의 발달, 그리고 여러 형태의 매체들의 발달, 현대적 민주주의 사회의 도래로 스테레오형에 대한 고정관념이 생기게 되었다. 이미 만들어진 생각, 이미 말해진 것은 규탄되었다. 여론의 문제와 개인적 표현의 문제가 맞물려 스테레오형과 클리셰는 여러 인문과학 분야에서 성찰의 주제가 되었다. 개념들은 이론화되었고, 사회과학·언어과학·문학 연구에 적용되었다. 그러나 각 분야는 스테레오형이 연구되었던 다른 분야들과의 교류 없이 독자적인 방식으로 작업하는 경향이 있었다.

그렇다면 공유된 명백한 사실들, 집단적인 표현, 기계적 언어 행위의 문제가 왜 현대에 와서 성찰의 주제가 되는가? 어떤 범위 내에서 이들의 관점들은 서로 일치할 수 있는가? 여기서 좀더 분명히 보기 위해 개념의 역사와, 20세기에 스테레오형이 이루어진 현상들을 이론화했던 각 분야들부터 살펴보고자 한다.

I장에서는 낱말들과 개념들이 출현된 배경과 일상어에서 이들의 의미가 발달된 과정을 살펴보고자 한다. 클리셰 · 전사 · 일반 공론 · 사회 통념 · 스테레오형과 같은 표현이 검토될 것이다. 일상어에서는 주로 같은 의미로 쓰이는 이들 용어들간에 점차적으로 어떻게 새로운 관계들이 형성되는지를 보고자 한다.

다음장들은 스테레오화 과정을 이론적인 대상으로 다루었던 인문과학을 통해 선별적으로 살펴보고자 한다. 이 책은 클리셰와 스테레오형의 본질을 통합적으로 정의하려는 것이 아니다. 또한 이것이 더 나은 방식을 가져올 수도 있겠지만, 각각의 학문에서 이끌어 낸 상호 영역성을 절충적인 방식으로 적용하려는 것도 아니다. 오히려 우리는 각 분야가 그들 고유의 논리와 관심에 따라 대상을 구축한 방식을 강조하고자 했다. 그러므로 독자는 각 분야가 제시하는 그대로 스테레오형의 문제를 접할 수 있을 것이다. 독자는 이 책을 읽어 가는 동안 이들간의 유사점을 비교할 수 있게 될 것이다.

II장에서는 스테레오형을 집단적인 상투적 표현으로 강조하면서 경험론적 연구 대상으로 보는 사회과학을 살펴보고자 한다. 이 개념은 사회 집단들과, 이 집단들의 개인 구성원들간의 관계를 분석하는 데 기여하고 있다. 이 개념의 부정적인 면은 편견을 반영하는 성질이며, 긍정적인 면은 사회적 정체성 구축과 사회적 인지와 연관된다.

Ⅲ장은 미학적이며 이념적인 관점에서 스테레오형의 제 현상을 분석하는 문학 연구에 할애된다. 문체론과 시학은 문체 효과나 텍스트를 구성하는 과정으로서의 클리셰에 관심을 가진다. 문학 텍스트의 사회적 차원과 사회적 상상계의 문제에 관심을 두는 현재의 비평 경향은 바로 독사(doxa), 집단적인 도식으로서의 스테레오형, 그리고 사회 통념을 더 중요시한다. 스테레오형은 또한 문학 독서에 대한 성찰에 개입하면서 새로운 독서 교육법에 기여한다. 스테레오화의 제 현상들은 처음에는 통속적인 것으로 간주되었지만, 지금은 이들의 창의적인 기능과 생산성 속에서 더 많이 연구되고 있다.

Ⅳ장에서는 때로는 언어 연구에서, 때로는 담론 분석에서 작용하는 여러 가지 개념들(관용구, 스테레오형, 원형, 일반 공론 또는 토포스, 상투적인 정치 선전 구호)을 차례로 검토하고자 한다. 언어 연구는 어휘의 형태통사론에서부터 의미론에 이르기까지 아주 다양한 관심들을 포함하고 있다. 담론 분석은 설득술과 같은 논증 연구와 역사 · 정치 · 신문 · 잡지의 담론들에 관한 접근들을 포함하고 있다.

스테레오형을 항상 부정적으로만 보지 않는 인문과학은 이를 다방면으로 관찰되어야 하는 현대적 성찰의 대상으로 여긴다. 스테레오형은 여론·상식·범주화의 문제에 서로 연관되어 나타난다. 스테레오형은 사회적인 상호 관계, 담론과 사회적 상상계와의 관계, 더 넓게는 언어와 사회의 관계를 연구하는 데 도움이 된다.

담론에서 스테레오형이 형성되는 과정에 초점을 맞추는 일은 우리들이 다루지 않은, 특히 사진·영화·텔레비전·광고와 같이 영상과 관련된 다른 영역들의 탐구로 발전된다.

I

개념의 역사

1

클리세

《담화의 문채》에서 퐁타니에는 은유·비유·과장의 전형적인 예로서 다음과 같은 예를 인용한다: **파란만장한**〔직역은 '뇌우가 자주 발생하는'〕인생(vie *orageuse*), **끝없는**〔직역은 '소진시키는'〕후회(remords *dévorant*), 분노로 **타오르는**(*enflammé de colère*), 울음을 **터뜨리며**〔직역은 '무너지며'〕(*fondant* en larmes), **울긋불긋한**〔직역은 '갖가지 유약을 칠한 도자기'〕초원(l'*émail* des prairies), 국가라는 배(le *vaisseau* de l'État), **눈보다 더 하얀**(*plus blanc que la neige*), 그는 호랑이 같아(*c'est un tigre*). 고전적인 수사학에서 모델이 된 문채가 오늘날에는 최고의 클리셰가 되었다. 19세기말에, 르미 드 구르몽은《프랑스어의 미학》(1899)에서 다음과 같이 쓰고 있다.

모방이란 너무 행복한 책들이 쉽게 빠질 수 있는 끔찍한 타락이다. 즉 독창적이고 신선하였던 것이 우스꽝스럽게 수집된 박제 새들로 변한 것 같다. 새로운 이미지들은 클리셰가 되었다……. 《텔레마크》는 구절마다, 모든 문학 작품들 중에서 가장 모방을 많이 한 작품이며, 바로 이런 이유로 결국 도저히 읽을 수 없는 책이 되었다. 어쩌면 유감스럽고 부당한 일이나, "그녀의 눈물로 키운 꽃들이 만발한 화단——이 아름다운 장소들"이라는 표현을 어떻게 여전히 좋아하겠는가.

클리셰에 대한 인식은 비교적 최근이지만, 17세기에도 어떤 문체적 특성들이, 특히 재치 있고 세련된 취향의 표현법 또는 페트라르카를 모방한 표현법들이 비판되고 조롱되었다. 샤를 소렐의 《기상천외한 목동》(1639)에서는, 목동이 어떤 인물을 묘사하는 것이 나온다: "바로 이런 모습이라오. 백합과 장미가 어우러진 이 사랑스러운 두 뺨: 그리고 작은 두 입술은 산호가지 같다오. 방긋 열린 입술도 너무나 품위 있고, 그녀의 이들은 두 줄의 고운 진주라고 할 것이오."(페랭 나파크, 1985: 252) 시에서 상투적인 수식어로 알려진 '감동 없는 문체,' 운을 맞추느라 '억지로 갖다붙인 수식어'(페블롱의 양식에 따른)가 다시 비평되고 있다. 18세기에 크르비에는 《프랑스어의 수사학》(1765)이라는 책에서 '새로운 의미를 첨가하는' 수식어를 선호한다고 밝힌다: "진정 뛰어난 수식어란, 없앨 경우 문장의 가치 일부가 퇴색될 정도로 새로운 의미를 첨가하는 수식어들이다…… 시에서도 수식어가 무언가를 의미하기를 바란다." 지베르(《수사학 또는 웅변의 법칙들》, 1730)도 변론술에서 새로 창안된 은유의 중요성을 강조한다: "훌륭한 은유란 천재성과 정신의 표시이다. 엄밀히 말해 그런 은유가 되려면 변론가는 은유의 창조자가 되어야 하며, 다른 이의 은유는 결코 취하지 말아야 한다."(페랭 나파크, 1985: 262

와 263)

그렇지만 이런 비판들은 국지적이며 클리셰에 대한 전반적인 문제는 여전히 남아 있다. 고전적인 텍스트를 이미 지난 일로 치부하려는 데서 단순하게 이해될 위험이 항상 있다. 상투적이고 반복적이며 공통어라고 비판받는 클리셰는 19세기에 와서야 확실히 발달되는 개념이다. 고전주의 시대와 19세기 초반에 이르기까지, 수사학의 보루는 중요하게 여겨지지 않았다. 교육을 통해 담화 유형들을 습득하는 일은 언제나 용이했고 문체들간의 위계가 유지되었다. 즉 고상하거나 훌륭한 문체를 선택해야 하는 일은 가능한 표현들의 선택에 영향을 주었고, 똑같은 양식을 반복하는 일에 적합했다. R. P. 데르의 사전(1759) 같은 수식어 사전이 편찬되고 재판되었으며, 19세기의 카르팡티에 출판사의 《프랑스어 시학 사전》(1822)에 이르기까지 계속되었다. 마찬가지로 1820년경 퐁타니에의 개론들은 신고전주의적인 수사 모델들을 다시 소개했다.

사실 시인들과 산문작가들에게서 클리셰에 대한 인식이 나타난 것은 19세기 동안이었다. 《클리셰의 담론》(1982)에서 뤼스 아모시와 엘리슈바 로장은 혁명 후 프랑스 작가들에 나타난 언어의 위기를 강조했다. 수사학의 전통과 관례에 맞서 낭만주의자들은 참신성을 내세우고, 운율, 공인된 권위에 대항해 독특한 창작력을 내세운다. 《명상》(I, 7)에 실린 유명한 시 〈어떤 비난에 대한 답신〉에서 빅토르 위고는 시학적 관례, 시의 공허한 형식, 문체들간의 위계, 고상한 문체라는 클리셰, 이 모든 것을 거부한다고 주장한다.

나는 백대리석, 그리고 눈, 상아를 결연히 없앴다.

나는 검은 눈동자에서 흑옥을 제거했다.

그리고 감히 팔에게 말한다: 그저 하얗게만 있어 달라고.

　다른 한편, 관점의 전복은 의미와 어휘의 발전에서 두드러
진다. **일반 공론**이나 **사회 통념** 같은 일련의 표현들이 분명히
비하적인 의미로 이해된 것은 19세기였다. 동시에 그래픽 미
술이나 인쇄술에서 빌려 온 기술적 용어들은 비유적인 의미
를 갖게 되었고, 언어적 표현의 남용을 경멸적으로 칭하는 데
쓰이게 되었다. 바로 **전사·클리셰**가 그런 경우이고, 20세기
에 와서는 **스테레오형**이 그런 식으로 쓰이게 되었다.

　19세기초, 인쇄술은 실제로 고정된 하나의 판형으로 수없이
생산할 수 있는 새로운 생산 방식을 발명하게 된다. 활자를
이동시키면서 구성하는 작업을 대신하는 것이 바로 클리셰라
는 연판이나 스테레오판을 사용하는 제작 방식이다. 1860년
대 중반경에, 알다시피 클리셰라는 말은 사진 작업 분야(1865)
에서 사용되어진다. 여기서 클리셰는 무한히 사본을 뽑아낼
수 있는 음화를 가리킨다. 이 말은 다른 곳으로 확대되어 쓰
이는데, P. 라루스에 의하면(1869) "책 속에서 또는 대화에서
반복되는 관용적 문장" 또는 "흔해진 어떤 생각"을 '자연스
레' 가리킨다. 이런 의미에서 '클리셰'라는 말이 사용된 것은
1860년부터였다. 예를 들어 공쿠르 형제의 소설 《샤를 드마
일》에서도 보인다. ("그는 모든 비평가들의 토대가 되는 일종의
클리셰인 통상적인 문장으로 끝을 맺곤 했다.")

클리셰는 19세기말에 와서야 일상어가 되나, 지나치게 사용되는 말에 대한 인식은 특히 작가들의 세기인 19세기 내내 존재해 왔다. 스탕달에서 플로베르에 이르기까지, 산문과 마찬가지로 시에서 말의 독창성에 대한 문제는 일상의 사사로움, 운율의 우둔함, 막강해지는 여론의 힘에 직면한 작가의 존재에 대한 인식을 동반한다. 그렇지만 클리셰라는 말의 출현은 비평적 사고의 역사에서 한 단계를 분명히 보여 준다. 1870년대부터 대중적인 모음집(격언집·속어 사전), 클리셰 문집이나 대화의 일반 공론 문집이 유행했으며, 그 중에서 플로베르의 《사회 통념 사전》(에르슈베르 피에로, 1988)이 가장 유명하다. 플로베르는 이들 수식어 사전의 이면을 공격하는 만큼 이 사전들의 우스꽝스러운 모방을 비난한다. 즉 다른 사회 통념들 중에서 '상아는 치아를 말할 때만 쓰인다'와, 의무가 되어 버린 수식 '언제나 시기상조인 쇠락'과 같은 기계적인 언어 조합을 분석하면서 이들의 모방을 비난한다.

19세기말, 클리셰라는 용어는 비평의 대상이 된다. R. 드 구르몽(1899)은 라루스보다 더 분명하게 클리셰와 일반 공론을 구분한다. 클리셰는 '구체적인 문장'을 나타내는 반면, 일반 공론은 생각의 통속성을 나타내는 편이라고 볼 수 있으며(구르몽, 1899: 288) 다양한 형태로 표현된다. 클리셰는 최초의 은유와 관련된다.

인쇄술에서 통용되는 기본적인 주조 작업에 빗대어, 견고하고 무한히 사용할 수 있는 이런 문장, 이런 설비에 클리셰라는 이름을 붙였다. 어떤 이들은 관용문들과 함께 생각하며, 독창적인 어떤 작가가 사전의 관용어들을 사용하듯이 이 말들을 사용한다.(구르몽, 1899: 284)

클리셰는 통속적인 형식으로 정의될 뿐만 아니라 똑같은 형태하에 반복될 수 있는 관용적 표현으로도 정의된다.

구르몽은 무엇을 근거로 클리셰를 정의한 것인가? 수준 낮은 문학을 근거로("우리들은 수준 낮은 작가들에 대해 충분한 관심을 두지 않았다. 더욱 단호하게 그들을 징벌해야 함을 뜻하는 바이다." 구르몽, 1899: 300) '독창성 없는 두뇌'라는 인상을 주는 연재 문학, 그리고 위대한 작가들을 그대로 베끼는 모방자들을 근거로 정의된 것이다. 출판계와 연단의 언어, 특히 '의회 연설'이 비난의 대상이 된다. 즉 유령들과 히드라[근절하기 어려운 악들이라는 뜻]('성직자 유령, 93년의 유령, 중세의 유령, 과거의 유령, 전제주의의 유령, 혁명들의 히드라들, 무정부주의의 히드라들'), '민주주의의 밀물,' '보통 선거의 품안에서 다시 강해질 필요성' 같은 말들이 그 대상이 되었다. 라루스는 언론계의 서식들을 감탄하는 식자공으로부터 클리셰가 시작되었다고 보며, 언론에 나타난 클리셰라는 말의 모든 예는 《피가로》지에서 시작된다고 본다: "기자들끼리 서로 싸울 수는 있지만 클리셰는 서로 눈감아 주어야 한다. 예산의 균형에 관한 클리셰 담론들을 듣게 될 것이다. 존경하옵는 남작이라면 어떤 상황에도 쓰려고 따로 비축해 놓은 그런 식의 말들이 바로 클리셰 담론이다."(《피가로》) 클리셰가 대중적 생산

(연재 소설과 같은 산업 시대의 문학)과 수의 문제——독자의 수, 투표권자의 수——와 관련됨을 알 수 있다. 이제는 의례적인 문학적 문체만이 공격 대상이 되지 않는다. 신문 모델(신문의 연재 소설과 함께)과 정치적 모델이 공격 대상이 된다. 19세기말에 클리셰를 경시하게 되는 것은, 이전에 '문맹자와 학자, 대중과 예술가'를 구분했던 경계가 전복되는 상황에 놓여진 학자의 불편한 심기와 맞물려진 때문이다.(들레살, 1985: 574) 공통어와 대중적인 말을 비판한다는 것은 곧 미학적 가치라는 문학의 특수성을 주장하는 것과 같다. 이런 태도는 이 시대의 많은 작가들의 태도로, 특히 플로베르가 두드러지며, 그는 보들레르와 함께 산업 예술인 사진을 혐오했다.

그렇지만 1890년대에 클리셰는 문체학자들뿐만 아니라 사회학자들의 관심거리가 되었다.《사회적 모방의 법칙들》(1890)의 저자인 가브리엘 드 타르드의 사회심리학에서 클리셰는 높은 가치를 부여받게 된다. 클리셰는 사진과 인쇄 방식의 은유를 통해 사회적 모방이 표현된 것으로 나타난다. 언어로 된 클리셰는 간략하게만 언급되나, 사회적 응집력을 적극적으로 행하는 역할이며, "모든 모방을 전달하는 거대한 수송 도구"로 나타난다. 모방은 그러므로 "어떤 사람의 의식이 멀리서 다른 사람의 의식에 영향을 미치는 행위," "다른 이의 머릿속의 민감한 연관을 통해 머릿속에서 어떤 클리셰가 거의 사진처럼 재생되는 행위"(타르드, 1979: VIII)로 나타난다. 타르드는 또한 "수없이 찍혀 나오는 똑같은 하나의 인간 유형으로 유럽을 만드는 중"인 모드의 발전들을 언급하고 있다.(타르드, 1979:

17) 20세기에 와서 사회과학이 스테레오형의 개념을 연구 대상으로 보게 된다.(43-49쪽과 II장 참조)

ㄹ

전사(轉寫)

    클리셰가 나오기 이전에 물론 낱말들과 내용들의 진부함, 이들의 관용적 성질을 지칭하는 다른 표현이 있었다. 이들 중에 역시 은유적인 기원을 가진 전사가 있다. 이 말은 그래픽 미술에서 유래된 오래 된 말이며, 16세기에는 "작은 구멍이 나 있거나 오려져 그림의 윤곽을 나타낸 종이를 말하는데, 사람들은 이 종이를 천이나 다른 종이 위에 놓고, 색분을 써서 형을 뜰 수 있었다."(《19세기 라루스 사전》) 19세기에 와서 전사는 "관례적인 유형과 방식에 따라 똑같이 그린 진부한 그림"을 말한다.(르 로베르, 《프랑스어 역사 사전》, 1828) 그 다음에 형용사로 사용되다가(1830년대) 명사로 사용되기에 이르면서 (1850년 전에) "관례적인 형을 반복하는 평범한, 독창성이 없는 작업"을 지칭하기에 이른다.(《19세기 라루스 사전》)

    전사(명사 혹은 형용사로)는 문학에서 어떤 주제·인물·문체가 의례적인 경우를 일컫는다. 즉 라루스는 18세기와 19세기 초 비극의 구성 방식과 문체를 전사의 경우로 간주한다. 그러나 전사는 예술의 영역으로 확대되어, 즉 미술·드라마·음악의 표현 영역으로 확대되어 사용된다는 특징이 있다. 보들레르는 1846년의 《살롱》에서 이렇게 쓰고 있다: "어떤 가수가 가슴 위에 손을 얹는다면 이것은 보통 '나는 그녀를 언제나 사랑할 것이오'라는 뜻이다. 그가 대사를 일러 주는 사람 쪽이나 마루를 보면서 주먹을 쥔다면, '배반자는 죽게 될 것이다'라는 뜻이다. 바로 이것이 전사이다."(〈유행과 전사〉, 《미학적 즐거움》) "의례적이고 전통적인 모든 것은 **유행과 전사**에 속한다"라고 그는 다시 말하고 있다. 이 관점은 또한 1874년의 라루스의 관점이기도 하다.

미술과 조각에서처럼 문학의 영역으로 확대되어, 독창성이 부족하고 같은 고용주에서 만들어진 것 같은 작업들에 전사라는 이름이 붙여졌다. 전사는 오랫동안 미술의 영역에서 전통이라는 가장 고상한 이름으로 지배해 왔다. 실제로 무능함의 표시이었건만 이와는 달리 취향, 모델에 대한 존경, 스승들의 가르침에 순종하는 것으로 간주되었다.(《19세기 라루스 사전》)

마르셀 프루스트의 《잃어버린 시간을 찾아서》의 미학적 규범 중의 하나가 바로 전통을 행복하게 따르는 전사에 맞서 싸우는 예술적인 창조일 것이다.

우리가 익숙해졌고, 우리에게 현실 그 자체로 보이는 전사를 미리 제거해야만 가능한 모든 새로움, 모든 새로운 대화, 모든 독창적인 미술과 음악은 언제나 심각하게 신경을 쓰이게 하고, 지치게 하는 일로 보일 것이다.(《스왕네 집 쪽으로》)

그러나 보들레르는 《불꽃》에서 "전사를 창조한다는 것은 바로 천재성이다"라고 말하고 있다.

그렇지만 문학과 예술의 진부한 주제로서의 전사는 20세기의 비평적 언어에서는 전혀 다루어지지 않았다.

3

일반 공론

클리셰나 전사와는 대조적으로 일반 공론은 아주 오래 된 개념이고, 처음에는 비하적인 의미로 사용되지는 않았다. 일반 공론이라는 고대의 의미가 어떻게 해서 진부함이라는 의미로 바뀌게 된 것일까?

일반 공론 또는 토포이 코이노이(단수는 토포스)는 고대 그리스 시대, 아리스토텔레스의 변증법과 수사학의 시대로 올라간다. 아리스토텔레스에게서 일반 공론은 가능한 것과 불가능한 것, 최고와 최하, 대립들("선이 기분 좋은 것이라면, 기분 좋지 않는 것은 선이 아니다. 그러나 이 마지막 문장이 맞지 않다면, 다른 문장도 더 이상 맞지 않다."《토피카》, II, 8), 보편적인 것과 특별한 것(IV장 2 참조) 같은 일반적 범위의 논증의 형태적 차원에 속한다. 이들 일반 공론은 수사학의 세 가지 장르에 공통된 논증적 특징들을 다 갖고 있으며, 이 점에서 찬사나 비난의 장르인 첨언적 장르(키베디 바르가, 1970: 52)에서 찬사의 주제 같은 변론의 장르나 영역에 속하는 특수한 개별적인 공론과는 대립된다. 처음에는 보편적 범위를 가진, 추론의 일반적 형태로 생각되었던 일반 공론은 고대부터 어떤 내용을 갖추게 되었다.

키케로부터 일반 공론에 대한 분석은 분석 대상, 합목적성, 실제적 관심에 대해 상당히 잘못된 인식으로 인해 왜곡된다. 일반 공론 이론은 아주 일찍부터 담론을 이끌고 갈 주제들을 쓸데없이 분류하기에 이른다.(앙주노, 1982: 160)

변론가의 첫번째 작업인 **주제 설정법**(또는 아이디어찾기)에 통합되는 **토포스**는 이제는 추론 방식만이 아니라 논증 형태, 과장 방식, 그리고 이미 개발되어진 것들을 모아 놓은 것이 된다.

중세 시대에 "상투적 주장은 유형으로 변하고, 유형의 저장소로 바뀐다. 이들의 빈 형태들인 **토포스**는 의미의 포화 상태가 되고, 스테레오형으로 변하고 고착된다."(콩파뇽, 1979: 29) 에른스트 로베르트 쿠르티우스는 토포스를 형성하고 있는 중세 시대 문학의 몇몇 주제들을 연구했는데, 거꾸로 된 세상, 어린이와 노인, 또는 행복한 곳(locus amœnus)과 같은 유명한 묘사 주제처럼 어느 정도 낱말의 특별한 의미를 연구했다.

프랜시스 고예는 르네상스 시대의 **일반 공론**의 세 가지 의미를 인식했다. 첫번째 의미는 고대에서 온 것인데, 확장의 의미이다. 일반 공론들은 그러므로 어떤 이들에게는 일반 공론 안에서 구체화되어 나타나는 여론(또는 일반 공론적 생각들)과 같은 것으로 비쳐진다. 에라스무스도 그렇게 말하고 있다: "나는 여기서 일반 공론적 논리를 자주 반복되는 여론이라고 본다."(고예, 1996: 587) 두번째 의미는 르네상스 시대의 특성으로 '여러 항목들의 제목,' 즉 장의 제목이라는 의미로, 일반 공론은 '항목별로 구성된 목록' 모음집을 지칭할 수 있다. 끝으로 세번째 의미는 '논증들의 중추'라는 의미이다. 그러나 F. 고예는 두번째 의미와 세번째 의미를 같은 것으로 보며, 논증보다 분류 쪽으로 일반 공론을 이끌고 가는 16세기의 경향을 강조한다.

이 두 경우 16세기의 관심을 끈 것은 분류 덕분에, 그리고 목록이라는 말의 어원(reperire: 위치를 포착하다)이 뜻하는 바처럼 그 논리적 근거가 재발견될 수 있는, 어떤 목록을 분류하고 형성할 수 있는 가능성이다.(고예, 1996: 66)

르네상스 시대의 이론들에 의한 일반 공론에 대한 재해석, 일반 공론과 격언의 동일시는 당연히 이들의 사물화와 관계가 있다.

변론가가 담론에서 일반 공론에 의존하는 것은 실상 비판을 요한다. 《포르루아얄의 논리학》(1662)은 주제와 진실의 특성이라는 이름으로 일반 공론 이론을 반박했다.

각 주제별로 이루어진 모든 토론이 일반 공론이라고 불리는 논설 항목들, 그리고 일반 공론적 용어들과 유사할 수 있다는 것은 사실이나, 토론을 진전시켜 나가는 것은 전혀 이런 방법에 의해서가 아니다. 주제의 성질, 주제에 대한 주의 깊은 고찰, 다양한 진실에 대한 인식이 토론을 이루어지게 한다.

거의 같은 시대에 '일반 공론'이 왜 상투적 생각이라는 의미인지 아주 잘 드러난다. 즉 미리 만들어진 전개 방식과 일반성의 개념에서 진부함이라는 개념으로 서서히 변하게 된 것이다. 몰리에르의 《인간 혐오자》(1666)에서, 이런 의미는 분명히 나타난다. 일반 공론은 지루한 대화의 보루로서, 셀리멘은 바로 이 점을 불평하고 있다.

> 당신이 그의 어리석은 침묵을 비난하기 위해 사용하시는
> 모든 일반 공론은 쓸모없습니다;
> 좋은 날씨와 비, 추위와 더위는,
> 곧 바닥이 드러나는 샘과 같습니다.
> (2막 4장, 609-612절)

리트레(1877)의 '공론(Lieu)' 항목은 의미의 발전 과정, 다른 의미들과의 공존 과정을 잘 보여 준다. 리트레는 '일반 공론들, 연설 논리들, 또는 단순히 논리들'에 대해 여러 가지로 정의하고 있다: "옛날의 수사학자들이 담화중에 모든 증거들을 위해 사용했던 일종의 중요한 논점들…… 광의에서, 일반 공론은 여러 번 되풀이되는 진부한 생각들이라고도 말해진다." 그러나 이런 의미는 자주 혼용되어진다. 부알로의 《풍자 X》(1694)를 인용하면서("'릴리는 자신의 음악 소리로 다시 뜨겁게 했다'와 같이 음란한 성질을 띤 일반적인 모든 말"), 그리고

볼테르가 쓴 《코르네유에 대한 논평》(1764)을 인용하면서("시인 자신이 인물의 위치에 서서 '일반 공론'이라는 표현이 경멸적으로 사용되고 있는, 이러한 애매한 격언들과 일반 공론들의 일부가 자주 보인다") 리트레는 일반성의 개념('일반적인 특징들')을 설명한다. 마찬가지로 '진부한 개념들'이라는 의미를 증명하는 예들은 일반 공론의 논증적 가치를 드러내게 한다. 발자크가 《궁중에 대하여, 다섯번째 담론》(1658)에서 취한 예들이 바로 그런 경우이다: "그들은 평화와 안식을 찬양하는 데 엄청난 일반 공론들을 펼친다." 그리고 볼테르의 《순박한 사람》(1767)의 경우도 그렇다: "고르동은 사람들이 자신의 자유를 사용하는 것이 허용되지 않으므로 자유롭게 사는 일을 그만둔다는 것을 증명해 주는 이러한 무미건조한 일반 공론을 그에게 펼치지 않도록 신중을 기했다."

일반 공론의 비하적인 측면은 18세기에 와서 두드러진다. 19세기에 이들에 대한 비판은 말과 사고의 진부한 모형들을 거부하는 것으로 나타난다. 통속적인 표현은 더 이상 공동체가 만나는 네거리가 아니라 개인과 공유로의 분리점이 된다. 이 표현은 개인과 사회를 구분하는 이런 분할의 공간을 가리킨다. 일반 공론은 대화와 연결되고, 대화는 소신을 밝힐 수 있는 탁월한 연습장이 된다. 소설은 스탕달에서부터 발자크·플로베르에 이르기까지 이런 점을 반영한다. 스탕달의 《뤼시앵 뢰뱅》이 보여 주는 지방의 상투적 논리가 그 예이다: "그는 자신이 지겨워하고 욕해 왔던 모든 상투적 논리를 말하는 데서 벗어났다고 생각했었다. 그런데 낭시에서는 자주 왕래하는 사람들간의 대화에서 그것은 여전히 중요한 요소였다." 《세자르 비로토》에 등장하는 재치 있는 사람의 상투적 논리도 그 예이다.

자신의 임무를 수행하는 동안, 그는 상투적 논리로 가득 차 있고, 경박한 사람들에게 웅변처럼 감미롭게 울리는 유려한 문장으로 표현된 격언과 계산적인 언어를 구사할 줄 알았다. 그는 이런 식으로, 당연히 속인들이며 세속적인 작업과 관점을 영원히 벗어날 수 없는 대부분 사람들의 마음을 사로잡았다.

벽난로 옆에서 지루하게 부인들에 대해 이야기를 늘어놓는 《부바르와 페퀴셰》의 두 선량도 같은 경우이다.

——이해가 되지 않는 필요성이야. 정말로 필요한 것일까? ——여자들은 정말이지 범죄·영웅주의를 잉태시키기도 하고 우둔하게도 만들지! 치마 아래는 지옥, 입맞춤은 천국이라네 ——비둘기처럼 구구거리다가 뱀처럼 휘감고, 고양이처럼 발톱은 날카롭지 ——바다처럼 갑자기 배반하고, 달처럼 바뀐다네 ——그들은 여자들에 대해 알려진 모든 일반 공론들을 들먹였다.

이 시대에 일반 공론에 대한 공통된 경시풍조하에서 반복적인 성질, 경직성, 너무나 포괄적인 일반성으로 연결되면서 그 의미가 확대된다. 일반 공론은 과장하는 논증적 주제를 가리킬 수 있을 뿐만 아니라 진부한 전개 방식, 단순히 진부한 생각이나 문장·격언, 다시 말해 고정된 형식을 지칭할 수도 있다. 이들은 자주 클리셰나 **대화·서간체·연극·책·신문· 정치 변론·변호사단·추도사** 등의 일반 공리들을 다룬 뤼시 앵 리고의 《일반 공론 사전》(올랭도르프, 1881) 같은 풍자적인 모음집에 수록된 진부한 문장들을 지칭하는 데 쓰인다. 그러 나 일반 공론의 논증적인 가치가 자주 수사학적인 어떤 문맥 과 관련된 모든 지시를 떠나 존재한다는 것과, 표현이 비하적 이긴 해도 한 문맥에서 다른 문맥으로(일반적 개념의 의미에 서 격언·관용구·클리셰의 의미로) 가는 의미상의 유연성을 가지게 되었다는 것이 괄목할 만한 일이다.

19세기말에 시작된 레옹 블루아의 《일반 공론 사전》(첫번째 총서, 1902; 두번째 총서, 1913)은 격렬한 논쟁을 불러일으킨다.

성 여호수아가 그 시대의 펠라기우스파 사람들과 사탄 숭배 주의자들을 침묵케 했듯이, 사실상 무능한 이들, 이 시대의 위 험하고 결정적인 바보들에게서 언어를 빼앗아 오지 않는다면 무슨 소용인가?

중산층을 입다물게 하는 것, 정말 실현하기 어려운 꿈이런 가! (……)

진정한 중산층, 즉 현대적이고도 가능한 한 보편적인 의미 에서의 중산층은 전혀 사고하지 않는 사람, 그리고 무슨 일이 든간에 단 하루라도 이해하려는 욕구에 영향받지 않고 살아가 는 또는 살아가는 것처럼 보이는 사람, 진짜 이론의 여지가 없는 중산층은 어쩔 수 없이 아주 제한된 형식을 가진 자신의 언어에 갇혀 있는 사람이다.

이 책은 일반 공론이라는 제목하에, 중산층의 사고에 맞는 일반 공론적인 공통된 표현을 위해 논평의 대상이 될 뿐만 아니라('불장난을 하지 말아야 한다,' '시간은 돈이다,' '십인십색') 여론의 주제로 쓰이는('과학,' '종교 재판,' '생바르텔레미 신교도 대학살') 격언들과 속담들을 모아 놓았다. 이들을 통해 블루아는 그 시대를 맹렬히 비난하고, 진실이라는 이름 아래에서 부조리들을 언명했다.

같은 시대 R. 드 구르몽은 진실이란 일반 공론과 다르지 않다고 주장한다.

일반 공론이란 다소간 진부한 것들이다. 진부하긴 하지만, 때때로 피할 수 없는 것이다; 진부하긴 하나 너무 보편적으로 받아들여진 이상 진실로 받아들여진다. 세상에 돌아다니는 대부분의 진실(진실들은 아주 잘 돌아다니는 성질을 띤다)은 일반 공론으로 간주될 수 있다. 즉 이들 중의 그 어떤 사람도 단호한 말로 감히 끊지 못하는, 수많은 사람들에게 공통된 관념들이 모인 것이다.(1900: 84-85)

치료 방법으로, 구르몽은 국기와 조국 같은 관념들을 해체할 것을 제안한다.

고대에서부터 20세기초 현대에 이르기까지, 일반 공론의 사용법이 변한 것은 전통·진실·여론과의 관계 때문이다. 어떤 내용이 실리게 되고, 어느 정도 논증의 역할을 벗어나게 되면서 일반 공론은 의심의 대상이 되었는데, 정확히 말하자면 이들 공론이 바로 다수의 동의를 얻었기 때문이었다. 즉 이들 일반 공론들은 더 이상 이성적 고찰이라는 공통된 기원을 의미하지 않는 대신 대다수의 사람들이 사용하게 됨으로써 진부한 관념들로 배척되어진 것이다.

20세기에 와서 그런 판단은 뒤집혔다. 일반 공론들은 다수의 여론에 흥미를 가진 사회학자들과, 논증의 형태를 연구하는 언어학자들에 의해 재평가된다.(II장·IV장, 159-175쪽 참조)

4

사회 통념

'사회 통념(idées reçues)'이라는 표현은 현대에 와서야 '편견'·'진부한 관념들'이라는 비하의 의미로 사전들에 나타나며, 이런 점은 플로베르의《사회 통념 사전》을 참조한 것이다. 일반적으로 'reçu'라는 형용사는 (어떤 용법이나 의견과 함께 붙여 쓸 때는) '인정된,' '관용적으로 인정된'과 같은 뜻으로 비하의 의미는 없었다. 플로베르가 사회 통념의 의미를 바꾸었는가? 20세기 이전의 사전에서는 특별히 눈에 띄지는 않지만 분명히 이런 의미가 이전에도 존재하고 있었다. 그러나 이 말에게 비판적 역량과 절대적인 힘을 준 것은 바로 플로베르의 책 덕분이었다.

18세기부터 '사회 통념'에 대해 말해졌다. 그럼에도 이 말은 아직 자리잡은 것은 아니다. 이 표현은 '관용적인 관념들,' '인정된 관념들'이라는 중성적인 가치와, 반종교적인 맥락에서의 '편견'이라는 가치 사이에서 망설이고 있었다. 이 말을 처음 사용한 이들 중 한 사람인 볼테르는《철학 편지》(1715)에서 이렇게 말하고 있다: "자연학 분야에 관한 한《성서》는 사회 통념들과 항상 일치했음이 분명하다. 이처럼《성서》는 지구는 움직이지 않으며, 태양이 돌고 있다고 전제한다." 사회 통념은 여기에서 검토 없이 채택된 관념들이라는 의미에서 편견과 같은 뜻으로 쓰인다. 즉 기존 체계와의 관계, 맹신이 될 수 있는 관용적으로 인정된 여론을 신뢰하는 것에 관련된다.

과학과 종교를 제외한 다른 분야들은, 관습의 영역에서처럼 샹포르의 《격언과 금언》(1794)에 나오는 사회적 도덕과 연관된다.

이 세상에서 쓰이는 사회 통념들과 사회적 격식들에 따르면, 사제·신부는 위선자가 되지 않으려면 조금만 믿어야 할 것 같고, 편협하지 않으려면 자신의 주장에 확신을 갖지 말아야 할 것 같다.(격언 22)

'사회 통념'의 비하적인 의미는 수많은 맥락 속에 들어 있는 '받아들여진,' '통용되는' 관념들의 중성적인 의미와 연관이 있다. 18세기에 이 표현은 고정되지도 자리잡지도 않았다. 과거분사라는 수동적인 의미로도 알 수 있는 일이다. 이것은 다수의 의견과 마주한, 이성을 가진 개인의 판단과 관련되어 있다. 사회 통념은 기꺼이 '서민' 대중의 편견과 연결되어 있다. 일반 공론처럼 사회 통념은 전통과의 관계가 문제시되며, 이것을 거부할 시는 특히 올바크의 경우처럼 종교 영역과 관련될 경우 즉각 권위에 대한 도전으로 해석된다.

종교에 관해 어느 정도 서민과 생각이 같지 않는 이는 아주 소수이다. 사회 통념과 거리를 두는 모든 이들은 대체로 광적인 사람, 다른 이들보다 자신이 더 현명하다고 감히 믿는 오만한 사람으로 보여진다.(《자연의 체계》, 2부 11장)

"대다수간의 합의, 또는 적어도 대표적인 합의를 토대로 하는" 여론인 아리스토텔레스의 **상식화**(endoxa: 가설과 상식이 일치하는 경우)의 개념과는 정반대의 태도가 엿보인다.(폰 무스, 1993: 7; 콩파뇽, 1979: 131과 그 다음 참조) **상식화**는 인정된 믿음이며 있을 법한 것으로, 사람들은 과학적 진실들을 벗어나서는 이것을 기반으로 추론해 나갈 수 있다: "모든 사람들 또는 이들 중의 대다수에 의해, 또는 현명한 이들, 그리고 이들 현명한 이들 모두이거나, 그들 중 다수이거나, 또는 가장 훌륭한 사람들과 가장 저명한 사람들에 의해 받아들여진 의견들은 **있을 법한 것들**이다."(아리스토텔레스, 《토피카》, I: IV장 2도 참조)

18세기말 소규모 집단의 양식 있는 사람들은 다수의 의견, 이미 결정되어진 믿음이 사회적 이유로 받아들여졌다고 할지라도 이들과 대립한다: 볼테르는 이처럼 사회를 유지하는 데 있어 편견이 필요함을 참작한다.(들롱, 1995) 그렇지만 일반 공론과는 달리 사회 통념은 진부함의 개념을 이용하는 것이 아니라, 일반 공론들을 강화하는 사회적·정치적 권위를 이용한다. 사회 통념들은 재사용되는 낡은 관념들만이 아니다. 사람들은 이 관념들을 따르고, 거기에 순응하며, 또는 반대로 이 관념들을 부정한다. 이런 관점에서 올바크의 입장에 이어, 사회 통념들을 지지하는 데 있어 정치 권력의 역할을 폭로하는 스탈 부인의 입장들과, 사회 통념들의 합법성을 옹호하는 조제프 드 메스트르와 같이 반대 입장을 표명하는 이들의 태도를 대조하는 것이 가능하다. 이와 같은 태도하에서 스탈 부인의 담론(《독일론》, 1810)을 이해해야 할 것이다: "사람들이 어떤 사회 통념들에 순종할 때는, 진실에 순종하는 것이 아니라 권력에 순종하는 것이다. 이처럼 인간의 이성은 문학과 철학 같은 영역에서도 노예 근성에 익숙해진다." 그리고 J. 드메스트르의 《상트페테르부르크의 밤》(1821)의 여섯번째 대담: "바로 이것이 로크의 정신을 살아 있게 한 것이다. 모든 도덕적 권위의 적인 그는 막강한 권위인 사회 통념들을 비난했다……."(에르슈베르 피에로, 1994)

1820년 이후, '사회 통념들'은 한결같이 작가들에게서 예외 없이 비하적으로 받아들여졌다고 말할 수 있다. 사회 통념들의 거부는 일반적이었다. 이런 거부는 사회적 순응주의, 일반적 관념들에 대립하는 개인의 항의를 뜻했다: "발자크가 베르니 부인에게 1822년에 쓴…… 사랑한다는 것, 그것은 모든 사회 통념들과 영원히 대립한다는 것이며, 모든 이들이 하늘에 구름 한점 없는 맑은 날씨라고 생각할 때 궂은 날씨를 알아보는 것이고, 모든 사람들이 폭풍 속에서 무서워 떨 때 그속에서 즐기는 것이다." 《적과 흑》(1830)은 이처럼 마틸드 드라 몰의 감정들을 사회적 규범과 대립시킨다: "후작 부인은 감히 그녀에게 대답조차 하지 못한 채 그녀에게 자러 가라고 일렀다. 그것은 통속적인 지혜와 사회 통념들에 대한 존경심이 보여 주는 마지막 노력이었다."

사회 통념들은 중산층의 전유물이 아니며, 오히려 그 표현이 경멸적 의미로 쓰이면서도 '예술가'의 용어이다. 물론 예술가는 이념들과 더불어 개인의 주관성을 표현할 수 없는, 다른 데서 빌려 온 극단적인 언어 형태로서의 언어와 클리셰에 대한 비판을 포함하고 있다. 그러므로 '사회 통념'이란 말은 견고해지는 개념, 그 위에서 어떤 일치가 이루어지는 개념과 부합하는 것 같다. 즉 사회 통념들은 관습, 사회적 도덕관과 연결된 일상적인 편견이다.

사회 통념의 형식은 19세기 전반기에 고정되나, 부분적 요소들(특히 과거분사라는 수동적 가치)은 공쿠르 형제들이 1873년 5월 23일자 《일기》에서 플로베르에 대해 쓴 아주 신랄한 판단에서처럼 눈으로 볼 수 있다.

맙소사! 모든 사람들의 두뇌와 그의 두뇌간의 부르주아적인 유사성을——나는 그가 그것을 속에서는 열망하고 있다고 확신하는 바이다——노골적인 역설, 신망을 떨어뜨리게 하는 격언들, 혁명을 부르짖는 고함소리로 기존의 모든 사회 통념들을 거칠게 반대하고 악화시키면서도, 그는 이런 유사성을 숨기고 있다.

1850년 후, 사회 통념이라는 표현에 비판적인 힘이 실리게 된 것은 사실상 플로베르 덕분이다. 그는 사회 통념이 권위와 규범 모델들, 사회적 명령과 갖는 관계를 강조한다. 《사회 통넘 사전)에 대한 자신의 계획을 정의하면서, 그는 다음과 같이 밝힌다: "그러므로 알파벳순으로 가능한 모든 주제들에 관해, 사회에서 **예의바르고 친절한 사람**으로서 말해야 하는 모든 것들이 포함될 것이다."(L. 콜레에게 보낸 편지, 1852년 12월 17일) 게다가 그는 다음과 같은 개인적 시학 요소들을 분명히 밝힌다: "웃는 사람들과 당신이 반대라면 당신은 항상 우스꽝스러워진다…… 웃는 사람들은 항상 강자들·유행·사회 통념들 등등 편에 있다. 평화롭게 살려면 웃기는 자나 웃는 자들 어느 편에도 있지 말아야 한다."(콜레에게 보낸 편지, 1854년 1월 15일) 사회 통념들은 그러므로 지배적인 관념들이며, 플로베르는 이들의 권위적인 특징을 계속 주장한다: "성 베드로 〈로마서〉는 무감동하고 미사여구로 가득 찬 작품이나, **찬미해야 한다.** 그것이 체제를 뜻하기 때문이다. 바로 그것이 사회 통념이다."(콜레에게 보낸 편지, 1852년 4월 24일) "달을 찬미하려고 어떤 이와 함께 달빛 아래를 거닐지 않을 것이라는 점이 바로 사회 통념들 안에 들어 있다."(콜레에게 보낸 편지, 1852년 7월 6일) 사회 통념들이 실제로 단호한 내용을 갖고 있지 않더라도, 이들의 공통적 특징은 중산층의 삶을 규정짓는 절대적인 규범으로 나타난 사회적 규약이라는 점이다.

파리에서 사람들은 나를 '아가씨처럼 생기발랄'하다고 했다. 나를 잘 모르는 사람들은 이런 건강한 모습을 시골의 공기 덕분이라고 생각했다. 바로 이것이 '사회 통념'이다. 각자의 건강에 대한 생각은 다르다…… 상식적인 관점을 갖지 않은 사

람은 상식적 관점의 법칙에 따라 살지 말아야 한다.(조르주 상
드에게 보낸 편지, 1869년 1월 1일)

무엇이 사회 통념들을 정의하는가? 사회 통념과 여론의 관
계 그리고 사회 통념의 단정적 방식이다. 이들은 판단·믿음
과 행동하고 말하는 방식들을 명백한 사실임을 증명하며, 절
대적 단정임을 의미하는 형식 속에 기재시킨다: "시계 시계가
제네바 산이라면 훌륭하다.""간결한 표현 더 이상 쓰이지 않
는 언어.""노동자 폭동을 일으키지 않는다면 성실한 사람들"
같은 예들을 들 수 있다. 사회 통념들은 자신들의 행동 규범과
믿음을 보편적인 사실로 설명하는 한 사회의 기본이 되는 명
백한 사실들을 형성시킨다. 플로베르의 사전은 앞에서 보았듯
이 사회 통념들과 클리셰를 포함하고 있다. 사회 통념들은 언
어와 마찬가지로 행동들에 관해서도 잘 보여 준다: "항해자
언제나 '거친' 사람들.""인사 언제나 '바쁘게 던져지는 것.'"
사회 통념들은 사회 담론에 의해 정해진 이미 준비되어 있는
말, 이미 준비되어 있는 생각, 이미 준비되어 있는 행동이다.
사회 통념에 대한 비판은 전통, 집단적 규범, '……라고들 한
다'라는 담론(le discours du 'on')을 전면적으로 거부하는 성
질을 띤다. 이런 비판은 구속력을 인정케 하는 장치들을 문제
삼는다. 그리고 개인의 판단에 호소한다. 그러나 18세기 자유
사상가들의 선상에서 플로베르에 의해 제기된 문제는 더 이
상 계몽주의적인 낙관주의의 성질을 띠지 않는다. 명백함을
보장하는 언어와 형태들은 의심의 대상이 되었다. 플로베르는

《사회 통념 사전》을 통해 사회 통념의 끝없는 반복을 모방하면서, 공식적인 형태 안에서 이들이 구속력을 갖게 되는 과정을 보여 주고자 했다. 그것은 또한 어떤 유행을 낳았다. 즉 플로베르를 모방한 작품들을 포함해서, 사회 통념 모음집과 사전은 더 이상 20세기에서는 고려되지 않는다는 것이다. 그러나 '바보는 언제나 다른 사람이다' 처럼 조롱은 변함 없기 때문에 거의 대부분 반어법은 완전히 실패한다. 《사회 통념 사전》의 '바보' 항은 요컨대 더욱 함축성을 가지고 이것을 설명하고 있다.

"바보 당신처럼 생각하지 않는 사람들." 이것은 독자와 작가 모두 모순의 대상이 되게 한다. 이처럼 플로베르가 우리들에게 사회 통념과 함께 남겨 준 것은 근본적인 거부의 개념이나──그리고 이 교훈은 언제나 낡은 것이 아니다──또한 이들을 피할 수 없다는 점을 보여 주었다. 사람들은 사회 통념·편견뿐만 아니라 스테레오형에서 결코 완전히 벗어나지 못한다. 이것은 이제는 더 이상 자신에 대해 분명히 "생각한다, 그러므로 나는 존재한다"라고 말할 수 없으나, 사회와 역사 속에 위치한 주체에 관하여 생각지 못한 것에 대해 문제를 제기하는 것이다.

5
스테레오형

스테레오형은 클리셰와 같이 인쇄술에서 유래한다. 라루스 (1875)는 스테레오판 작업('ouvrage stéréotype')이라는 명사를 "다시 찍어내기 위해 보존되는, 글자를 고정시킨 판들로 인쇄된"이라고 형용사에 준거해서 설명하고 있다. 19세기에 명사화된 말은 이런 어원과 관계 있다. 스테레오판 인쇄술은 마찬가지로 연판을 뜨는 기술을 지칭하거나, 연판을 뜨는 작업장을 가리키기도 하나, 이 말은 또한 은유적인 방식으로 F. 다뱅이 쓴《발자크에 나타난 19세기 풍속 연구 입문서》(1835)에서 "구파의 형식, 보편성, 감동을 주지 못하는 스테레오판 인쇄술 같은 작업을 싫어해서 독창적인 어떤 세부 묘사, 독특한 형태, 즉각적인 기발함에만 전념하는" 작가들을 가리키는 데 쓰이기도 한다. 그렇지만 비유적 의미가 생기는 것은 '스테레오판을 만들다(stéréotyper)'라는 동사의 과거분사 형태(stéréotypé)에서이다. "스테레오판을 뜨는 작업 과정을 거쳐 인쇄된"이라는 의미에서, "——비유적 의미 전혀 변하지 않는, 항상 같은 상태인"이라는 고정의 개념을 가지게 된다. 이처럼 뒤마에게서 '스테레오판 같은 미소'라는 표현을 만나게 된다.(《몽

테크리스토 백작》, 1846) 이 표현은 그 자체 신문 연재 소설에서 상투적으로 쓰이며, 라루스에 의해 경멸적인 의미로 설명되는 '스테레오판 같은 문장(phrase stéréotypée)'이 된다: "스테레오판 같은 문장의 영향을 상상할 수 없다. 이들은 60년 전부터 우리들의 불행의 요인이 되었다."(프리바 당글르몽) 1848년에 쓰고 1890년에 출판된 르낭의 《학문의 미래》에서도 그것이 다시 보인다: "나에게는 의미 없는 스테레오판 같은 문장들이 나를 만들다니." 그리고 공쿠르 형제들도 그 점을 언급한다: "반복 훈련된 감정들과 스테레오판 같은 문장들."(《샤를 드마일》, 1860) 《고리오 영감》(1834)에서 발자크는 라스티냐크와 뉘생갱 부인과의 대화에 대해 이렇게 썼다: "초보자들용의 스테레오판 같은 이런 쓸데없는 짓들이 부인들에게는 언제나 매혹적인 일로 보였으나, 무감동하게 읽혀지는 만큼 빈약하기만 할 뿐이다. 한 젊은이의 몸짓·억양·시선은 그녀들에게 중차대한 가치를 부여했다." 은유적인 사용과 병행해서 '스테레오판으로 인쇄하다'와 같은 동사의 의미는 19세기까지 살아 있으나, 오늘날은 그런 의미로 더 이상 쓰이지 않는다. ('스테레오판으로 인쇄된 책'이나 '스테레오판으로 인쇄된 출판물'이라고는 한다.)

도식이나 상투적 표현이라는 의미에서의 스테레오형은 20세기에 와서야 나타나며, 1920년대부터 사회과학 분야의 관심의 중심이 된다. 월터 리프먼이라는 광고업자가 1922년에 출판된 자신의 책 《여론》에서 스테레오형이라는 개념을 처음으로 도입했다. 그는 일상어에서 차용한 이 용어로 현실과 우리들간의 관계를 중재하는, 우리들 머릿속에 있는 이미지들을 지칭한다. 상투적인 표현 방식들, 기존의 문화 도식들에 관한 것으로, 이들의 도움을 받아 우리 각자는 주변의 현실을 여과 시킨다. 리프먼에 의하면, 이들 이미지들은 사회 안에서 살 때 필수 불가결한 것이다. 이들이 없다면 개인은 순수한 감각들의 혼란스런 난무 속에 파묻히게 될 것이다. 개인들에게 있어 현실을 이해하고, 현실을 분류하거나 현실에 영향을 미치는 일이 불가능하게 될 수도 있을 것이다. 사실상 모든 존재나 모든 사물들을 어떤 유형이나 어떤 일반성으로 환원시키지 않는다면, 이들 고유한 특수성과 세부적인 것을 어떻게 검토 할 수 있겠는가? 리프먼은 그와 같은 일은 소모적일 것이며, 현실의 문제에 대해 실제로 도움이 되지 않을 것이라고 말한 다. 내면적으로 자신을 알 시간이나 가능성이 없다면, 각자는 다른 것에 대해 아주 잘 알려진, 즉 노동자·자본가·교사· 흑인과 같은 어떤 유형의 특징에 유의하고, 나머지는 그의 머 릿속에 들어 있는 스테레오형의 도움을 받아 채운다. 회사원 이 자신과 고용주의 관계를 관리하고, 또는 선거권자가 가까 이에서 알 수 없는 입후보자를 선출하는 것도 바로 이런 방 식으로 이루어진다. 우리들 마음속에 그려진 이미지들은 허구 에 속하는데, 그렇다고 해서 이들 이미지들이 거짓되다는 것 이 아니라 이들이 사회적 상상력을 표현하기 때문이다.

이런 개척자적인 사고를 시작으로 이 애매한 개념을 더욱 분명히 하기 위한 작업들이 빠르게 발달되었고, 주로 사회심 리학 분야에서 일어났다.(II장 참조) 초기에는 리프먼의 연구와는 반대로, 미국의 사회심리학자들은 스테레오형이 도식화하며 유해하다고 주장했다. 그들은 스테레오형을 비하의 기호로 간주함으로써 이 용어에 대한 일반적 의미를 그대로 받아들였다. 스테레오형이 분류시키고 보편화시키는 과정에서 나오는 이상, 스테레오형은 현실을 단순화하고 쓸데없다고 잘라내는 경향이 있다. 스테레오형은 이처럼 편견을 초래하는 다른 이의 도식적이고 변형된 관점을 조장할 수 있다. 지금까지 바로 이런 의미에서 정의하는 일이 많았다.

개인들의 계층·집단·대상들에 관련된 선입관에 근거한 믿음들, 즉 각각의 현상에 대한 새로운 평가보다 판단상의 습관, 인습에 젖은 예상에 속하는 믿음들…… 하나의 스테레오형은 실험에 의해 확인된 가정이라기보다 오히려 기정 사실로, 전부 또는 부분적으로 부당하게 간주되는 믿음이다.(자호다, 1964: 694)

사회 환경(가족·주변 사람들·학교 교육·직업·친분 관계·매스미디어 등)에서 개인이 접하는 사람들과 사물들에 대한 클리셰, 선입관적이고 고정적이며, 피상적이고 단정적인 이미지들. 이들은 상당히 우리들이 생각하고 느끼고 행동하는 방식들을 결정짓는다.(모르포, 1980: 34)

클리셰로 생각하는 방식들은 지나치게 단순화하는 믿음들과 이미지들을 토대로 한 도식화된 설명 유형들을 보여 주며,

우리들은 이런 유형들을 통해 선입관의 대상인 다른 사람들 또는 다른 사회 집단들을 규정짓는다.(피셔, 1996: 133)

말이 난 김에, 스테레오형의 동의어로 정의되기도 하는 클리셰가 실생활에서는 잘 쓰이지 않는다는 것을 밝히고자 한다. 그러므로 무엇보다도 분명해진 것이 바로 스테레오형의 결함이다. 60년대말경에 존 하딩이 《사회과학 세계백과 사전》에서 발췌한 글이 이 점을 증명한다: 스테레오형은 복합적이고 차별화된 것이라기보다 단순하다; 정확하기보다 오류투성이이다. 스테레오형은 자신이 표현하고자 하는 현실과의 직접 경험보다 간접적으로 얻어진다. 끝으로 스테레오형은 변화에 저항한다.(1968: 259) 그렇지만 그 이전과 이후의 다른 많은 사람들처럼, 하딩은 스테레오형에 대해 전통적으로 가해진 비난들을 비교하면서 의미를 분명히 밝히고자 했다. 50년대 이후부터 수많은 미국 사회심리학자들, 또는 미국식 연구 방식에 영향을 받은 사람들은 스테레오형이 평가 절하된 이유들을 문제삼았다. 물론 스테레오형은 비판적이지 못한 판단, 간접적인 지식을 형성하고 있으나, 스테레오형이 우리들의 인식과 믿음에서 중요한 자리를 차지한다는 사실을 주지시킨다. 그런 예로 "지구는 돌고 있다" 또는 "크리스토퍼 콜럼버스가 미국 대륙을 발견했다"가 있다. 스테레오형은 고정되어 있고 경직되어 있다——그러나 우리들이 공유하고 있는 대부분의 개념들과 믿음들은 이들이 쉽게 변할 수 없도록 막중한 안정성을 증명하지 않는가? 스테레오형은 단순화하고 유형화한

다: 그러나 비록 이런 과정들이 때때로 과도한 단순화와 보편화를 야기할지라도 인식에 있어서는 필수 불가결하다. 우리는 세상을 이해하고, 예측하고, 우리들의 행동을 결정할 수 있으려면 기존의 모델들을 통해 아는 것과 연관시키는 것이 필요하다.

가장 가혹한 규탄 대상이 되어 온 스테레오형은 이처럼 자신의 창조적인 기능이 강조되면서 재평가의 대상이 된다. 현상에 대해 과소 평가된 면들을 상대적으로 바라보거나 중화시키기 위해 다음과 같은 상반된 정의가 차례로 제시되고 있다.

한 인간 집단의 독특한 속성들과 관련된 모든 믿음들. 스테레오형들의 완고함 또는 올바름의 문제에 관해 일치하지 않기 때문에, 이 영역에 대한 일반적인 정의는 당연히 다시 검토되어야 한다.(스트루브와 인스코 in 바 탈, 1989: 5)

한 집단의 독특한 특성들, 대체로 개성들에 관련되나 그럼에도 자주 이들의 행동들에 관한 공유된 믿음들.(라이언, 1996: 12)

이런 재평가는 1922년 월터 리프먼에 의해 언급된 의견들을 대부분 수렴하는 것으로, 비하를 결정적으로 대치하지는 못했다. 이상하게도 이런 재평가는 몇십 년 전부터 비하적 의미와 공존하고 있었다. 현대적 사고에서 스테레오형의 개념의 두 가지 성질에 대해 말할 수 있는 것은 바로 이런 관점에서

이다.(아모시, 1991)

　사회과학 분야가 스테레오형을 비하적인 의미나 또는 중성적인 의미로 보든, 이들 분야는 스테레오형을 개인과 타인의 관계, 개인과 자신의 관계, 또는 집단들과 이들 개개 구성원들 간의 관계를 분석하게 하는 아주 결정적인 개념으로 만들고 있다.(II장 참조) 특히 스테레오형에서 하나의 낱말과 연결된 도식화된 표현 방식을 고려하는 언어과학에서와 같이(IV장 참조) 다른 학문적 용도가 드러나고 있다. 그렇지만 일상적인 사용에서 스테레오형이라는 말은, 예를 들어 인색한 유대 노인, 순진무구한 아가씨, 멍한 학자와 같은 대체로 경멸적인 의미로 고정된 집단 이미지를 가리키고 있다. 스테레오형의 진부함, 자동적인 환원 현상이라는 특성이 강조될 때 이는 자주 클리셰와 동일시된다. 통속적인 용도는 이처럼 독창성의 부족이라는 문제를 넘어서는 학문적인 용도와 공존한다는 점에서 사회적 매체와 소통의 문제를 포괄적으로 제시해야 한다.

II

사회과학에 나타난
스테레오형의 개념

스테레오형의 개념을 이론적으로 정립시킨 것은 바로 사회
생활에 나타난 관계들과 과정들의 연구(피셔, 1996: 14)로서,
또는 여전히 "상호 관계와 모든 의미에서의 관계들을 다루는
학문"으로서(메조뇌브, 1996: 11) 정의되는 사회심리학이었다.
월터 리프먼의 선구적인 책으로 명백해진 '우리들 머릿속에
들어 있는 이미지'(I장 참조)는 수십 년 동안 다양한 조사의
대상이 되었다. 미국과 앵글로색슨계의 영향을 받은 사회심리
학에서 행해진 이들 이미지들의 연구는 1930년대부터의 이들
의 경험주의적인 계통으로 인해 두각을 나타낸다. 스테레오형
의 성질·기능과 사회적 효과에 대한 작업들은 실제 이 분야
에 관한 수많은 실험과 조사 덕분에 계속되었다. 다른 사회과
학 분야, 특히 사회학과 민족학도 스테레오형의 개념을 사용
하고 있다. 그렇지만 이들은 그렇게까지는 대대적이고 체계적
인 방식으로 사용하지는 않는다. 이 용어가 사회학 사전과 중
요한 용어 색인에 나타나지 않는다는 점이 그런 사실을 잘 말
해 주고 있다. 스테레오형이 중요 주제가 되었고, 사회심리학
에서 이들에 관해 중요한 연구들이 이루어지고 있다는 사실
은, 지금 이 장에서 이 분야에 할애된 위치로도 설명된다. 이런
사실은 스테레오형의 개념에서 많은 것을 보는 다른 분야, 특
히 문화와 이문화에 관한 최근의 연구와 같은 분야에서 연구
되는 것을 막지 않을 것이다.

1
사회심리학의 경험적 방법

    사회적 관계들과 사회적 상호 관계들을 연구하고자 하는 사회심리학은 한 집단의 구성원들이 자신들과 다른 이들에 대해 갖는 이미지를 분석하고자 한다. 현실은 반드시 기존의 이미지들, 문화적 표현에 의해 여과된다고 생각하고 있었던 신문기자인 월터 리프먼에 의해 설정된 스테레오형의 개념(I장 참조)이 다시 취해지고 재적용되어진 것은 이러한 목적에서이다. 사실상 타자에 대한 이미지는 이들 각자가 결부된 계층들이 가진 이미지를 통과한다. 이런 사람은 독일인이고, 저런 사람은 브르타뉴 사람이거나 마그리브인(프랑스에 이주한 북아프리카 이민 2세)이다; 어떤 사람에 대해 흑인이거나 유대인이라고 말할 것이며, 그 사람이 사회주의자이거나 르펭 지지자, 변호사나 연관공이라고 언급할 것이다. 물론 여기에 성별이나 어떤 세대에 속하는가에 따라 몇 가지 사항들이 덧붙여진다. 게다가 개인이 자신에게 부과하는 이미지도 어떤 하나, 또는 여러 개의 집단에 소속되느냐에 따라 조정된다. 그는 자신을 프랑스인이거나 마그리브인, 간부 또는 지성인이거나 노동자, 파리 사람 또는 지방 출신으로 지각한다. 각 계층과 결부된 집단에 대한 당연히 피상적인 표현들은 사회적 정체성에 막대한 영향을 주게 되어 있다. 게다가 이들 표현들은 집단들과 이들을 구성하는 개개인들이 서로간에 유지하고 있는 관계들에 영향을 미친다.

어떤 한 집단과 이들 개개 구성원들에게 낙인을 찍는 이미지들과 믿음들을 찾아내려는 관심은, 20세기초부터 인종과 **민족에 연관된 스테레오형**을 찾는 것으로 나아간다. 여러 가지 조사 방식은 이처럼 주변의 스테레오형의 성격을 규정짓고자 한다: 미국에 뿌리내린 연구 방식은 특히 경험론적 방식이 두드러진다. 이 연구 방식은 무엇보다도 사진들, 그리고 그 다음으로 질문서에 의지한다. 1926-27년 동안에 S. A. 라이스는 한 참가 집단에게 《보스턴 해럴드》지에서 발췌한 9장의 사진을 제시하면서, 그들에게 다음의 부류를 대표할 만한 인물들과 연결시키라고 요청했다. 즉 유럽의 어떤 국가의 수상, 미국 상원의원, 러시아 공산당원, 금융가 등등이었다. 이들의 결과는 가정에서 시작됨을 확인시켜 주었다. 즉 친숙한 이미지와 맞물리는 정도에 따라 사진이 이해되고 있었다. 이와 같이 주류 밀수업자는 그의 옷과 커다란 시가로 쉽게 드러났던 반면에, 품위 있고 세련된 러시아 공산당원(실제로 파리 주재 러시아 대사)은 알아보지 못했다.

그렇지만 라이스의 실험은 정확성이 부족하며, 스테레오형의 내용을 끌어내지는 못한다. 러시아 공산당원에 대한 틀에 박힌 어떤 이미지(아무렇게나 입은 모습, 텁수룩하고 폭탄을 소지한 것 같은 이미지?)가 선택되어진 사진과 부합되지 않는 것을 어떻게 알 수 있는가? 그 당시의 미국 사회 안에서 통용되는 이미지들을 정확하게 규명할 수 있도록 D. 카츠와 K. 브랠리는 1933년에 획기적인 질문서에 의한 방법을 새로 제시했다.[2] 이들은 1백 명의 프린스턴 대학 학생들에게 미리 선택해 놓은 84개의 형용사 목록을 주면서 다른 10개의 집단과 연결시키도록 요청했다. 그 집단들은 독일인·이탈리아인·아일랜드인·영국인·흑인·유대인·미국인·중국인·일본인·터키인이었다. 학생들은 검토되는 각 집단의 주된 특징들로 생각되는 5개의 특징을 강조해야 했다. 카츠와 브랠리는 이것을 기초로 다른 민족에 대한 스테레오형의 내용을 설명한다. 즉 집단의 이름 아래 추정된 특징들이 한데 묶여진다. 숫자는 각 특징으로 답한 백분율을 나타낸다. 흑인: 미신적(84), 게으른(75), 태평한(38), 무지한(38), 음악성이 있는(26), 화려한 색깔로 눈에 띄는(24), 아주 종교적(22), 불결한(17), 순진한(14), 단정치 못한(13), 거의 믿을 수 없는(12). 독일인: 과학적인 정신을 가진(78), 근면한(65), 냉정한(44), 지적(32), 체계적(31), 극도로 민족적(24), 진보주의적(16), 유능한(16), 쾌활한(15), 음악성이 있는(13), 완고한(11), 실용적(11). 주체들이 어떤 주제에 대해 사용하는 속사 목록에 기초한 이런 방법은 단순성이라는 이점이 있다. 이 방법은 사회과학 분야에서 스테레오형 연구 발전에 크게 기여했다.

이런 식으로 드러난 스테레오형들은 변화에 완고하고 저항적인 것으로 간주되었는데, 카츠와 브랠리의 방법은 고정된 집단적 표현을 수정할 수 있는 요인들이 어떤 것인지를 확인하기 위해 사용되었다. 이들은 민족 집단에 대한 스테레오형이 전쟁의 영향을 받는지를 경험적인 방법으로 측정하고자 했다. 1933년의 일본인에 대한 이미지는 일본과 미국 사이에 전쟁이 일어났던 40년대의 질문서에서 드러난 이미지와 비교되었다. 처음 일본인들은 주로 지성적(45), 근면한(43)으로 나타났으나, 진주만 공격 이후 일본인들은 미국인들에 의해 '간교한, 배반자, 잔혹한, 그리고 아주 민족주의적인' 사람들로 설명되었다. 전쟁이 끝난 20년 후, 일본인에 대한 스테레오형은 1930년대의 표본으로 다시 조정되는 것 같다. 스테레오형이 변하는 경우는 경제 위기에 의해 야기될 수도 있다. 내전 전 1860년대 캘리포니아 사람들이 중국인들에 대해 가지고 있었던 긍정적인 이미지가, 일자리 경쟁이 크게 증가했을 때 점차로 하락되어 가는 경우를 예로 들 수 있겠다.

리

스테레오형과 편견

카츠와 브랠리는 그들의 계승자들과 마찬가지로 선택된 스 테레오형의 내용들을 과학적으로 측정하는 것만이 목적이 아 니었다. 이들은 집단에 대한 부정적 평가와 거기에서 기인하 는 비우호적인 태도가 어떻게 여론을 통해 한 집단에 부여되 었던 특징들에서 파생하는지를 확인하고 싶어했다. 이와 비슷 한 질문은 이미 E. S. 보가더스의 연구 기반을 이루고 있었 다. 그는 1925년부터 질문받은 주체들이 주어진 어떤 집단의 구성원을 인정하게 되는 친밀도의 단계를 확증했었다. 그의 질문서는 각자에게 흑인, 또는 중국인을 자신의 가족 일원으 로, 친한 친구로, 이웃으로, 자기 나라의 국민으로 받아들일 수 있는지를 물어보았다. 같은 관점에서 카츠와 브랠리가 취 한 방식은, 각 민족 집단을 고려해 선택된 특징들이 바람직하 거나 바람직하지 않은 것으로 간주되는 점을 살피는 것이었 다. (이들은 다른 학생 집단에게 84개의 형용사들의 선호 여부를 미리 평가하라고 요구했다.) 감정적인 반응을 표출하는 스테레 오형, 어떤 민족에 관련된 전형적인 특징을 굳게 믿는 스테레 오형들을 다 모아 놓은 것과 같은 '민족적'인 편견을 보여 주는 정의가 거기에서 두드러지게 드러났다.

　스테레오형과 편견의 연관 관계는, 때때로 이 두 개념을 혼동하기까지 하는 사회과학에서는 일반적이다. 이처럼 《사회과학 용어 사전》(1983)은 '스테레오형'을 설명하면서, "편견은 더 일상적이면서도 더 비하적이고 감정적이다"라고 명시하고 있다. 그럼에도 불구하고 사회심리학자들 대부분은 분류적 차원과 감정적 경향을 따로 놓고 보려는 경향이 있다. 이처럼 스테레오형은 어떤 집단과 그 구성원에 관련된 어떤 믿음·의견·표현으로 나타나는 반면, 편견은 문제가 된 집단 구성원에 대해 취해진 **태도**를 가리킨다. 하딩은 편견이란 "한 외부 집단 구성원에 대해 취해진 태도로, 그 태도에는 부정적인 평가 경향이 두드러진다"[3]라고 보고 있다.(하딩, 1968) 나머지 다른 이들은 정당화할 수 없는 부정적 태도라는 말을 쓴다. 태도란 개인적 또는 집단적 주체가 주어진 대상에 대해 취하는 위치로, 즉 징후에 의해 표현되며 행동을 결정짓게 하는 위치로 정의된다는 점을 주지하자. 그러므로 흑인·일본인 또는 독일인에 대한 스테레오형은 유통되고 있는 집단적 이미지이고, 이들에게 부여된 특징들의 총체라고 말할 수 있다. 편견은 한 사람의 흑인·일본인·독일인이 그 집단에 속한다는 이유만으로 불리하게 평가하는 경향일 수 있다.

　1960년대에는 아래와 같이 세 가지로 나누는 것이 당연했었는데, 쇠퇴기를 겪은 후 1980년대에 다시 나타났다. 이것은 인지 요소(흑인에 대한 스테레오형), 감정적 요소(이들에 대한 편견 또는 검증된 적대감), 행동적 요소(한 사람의 흑인을 그

개인의 능력과 재능들과는 상관없이 어떤 부류에 속한다는 것을 근거로 차별 또는 불리하게 평가하는 것)로 구분된다. 한 사람의 흑인을 나태하고 무책임한 사람으로 생각하는 것은 스테레오형에서 기인한다. 그리고 그 사람에 대해 경멸이나 적대감을 보이는 것은 편견에서 오는 것이며, 이것을 근거로 어떤 자리에 그가 올 수 없도록 거부하는 것은 차별 행위가 된다. 이 세 가지 면들이 우선 그렇게 생각하는 경향이 있을 수 있겠지만, 생각만큼 그렇게 긴밀한 관련을 갖지 않는다는 점을 말하고자 한다. 사실 한 요소가 다른 요소를 반드시 끌어들이지는 않는다는 것이 밝혀지고 있다. 나는 스코틀랜드 사람들을 향해 어떤 특별한 적대감을 느끼지 않더라도 이들이 인색하다고 생각할 수 있으며, 또는 아랍인들이나 유대인들을 내가 사는 곳이나 작업장에서 내쫓지 않더라도 이들에게 어떤 고의적인 침묵으로 대할 수 있다.

이것은 물론 어떤 집단에 대한 우리들의 행동과 태도, 우리 자신들이 그들에 대해 만들어 놓은 이미지 사이에 아무런 연관도 없다는 것을 의미하지는 않는다. 단지 이런 관계는 생각보다 더 복합적이라는 것이다. 고든 올포트는 《편견의 본질》(1954)이라는 책에서, 스테레오형이 반감을 야기시키는 원인이라기보다 오히려 기존의 반감을 종종 합법화한다고 보고 있다. 그는 미국에 살고 있는 유대인들에 대한 아도르노와 그의 동료들의 조사에서 그 사실이 증명된다고 보고 있다. 유대인들에 대한 어떤 단언들을 받아들일 것인가, 거부할 것인가를 말하도록 요청받은 사람들은 흥미롭게도 두 가지 모순되는 진술을 인정하고 있다. 즉 이들은 유대인들은 자기네들 끼리만 살아가는 경향이 지나치기 때문에 비난받는다고 여기는 동시에, 이들 유대인들이 기독교인들의 행동에 너무나 집착하기 때문에 사랑받지 못한다고 여기고 있었다. 유대인들은 미국식의 생활 방식에도 불구하고 자신들의 관습에 너무 집착한다. 그리고 이들은 주변의 관습들을 모방하면서 자신들의 유대적인 특성들을 감추려 한다는 것이 잘못이라고 평가되었다. 그러므로 이들에 대해 호의적이지 않는 태도를 야기시키는 것은 이들 집단의 특징들이 아니라, 언제나 사용할 수 있는 모든 스테레오형을 작동시키면서 스스로 합리화를 모색하는 선험적인 거부이다.

3

현실과의 일치 문제

그렇지만 이런 해로운 결과가 입증된 집단적인 이미지들이 어떤 사실에 어떻게 근거하는지를 생각해 볼 수 있다. 이런 질문은 스테레오형에 대한 연구에서 수많은 토론의 소재가 되었던 '진실의 핵 또는 본질'이라는 가정에서 출발한다. 사실과 전혀 부합되지 않는 어떤 이미지가 다수의 개인들에게 집요하게 과해지는 것이 가능한가? 한 집단에게 부여된 특징들이 적어도 부분적으로 정확한 관찰 또는 공유된 경험에서 파생된다는 것이 더 이상 가능하지 않는 것인가?

그렇지만 다양한 조사의 결과들은 스테레오형들이 모든 객관적인 근거를 떠나 유통된다는 점을 뚜렷이 보여 주고 있다. 이처럼 캘리포니아 지역에서 아르메니아인들은 불성실하고, 거짓말쟁이·사기꾼으로 여겨지고 있었다. 반면 상공협회의 장부들은 이러한 평가들을 정당화하는 어떤 자료도 제공하고 있지 않았다. 아무도 유대인을 본 적이 없는 과테말라의 어떤 공동체에서 유대인들에 대한 부정적인 이미지가 있다는 것은 더욱 놀랄 만한 일이다. 조사를 해보니, 이 공동체는 유대인들이 그리스도를 죽였다는 것을 듣고, 이들 지방의 신화에 나오는 신을 죽인 악마와 동일시하고 있었다. 여기서 스테레오형은 이처럼 사실을 전혀 반영하지 않는 상상적인 구성으로서 나타난다.

현대 사회에서는, 사실과 맞는다고 보기에 불확실하거나 의미 없는 상상적인 구성들이 미디어·언론·대중문학에 의해 유리하게 작용되고 있다. 대중들은 자주 텔레비전이나 광고에 의해 아무 접촉도 없었던 어느 민족 집단에 대해 어떤 생각을 품게 된다.

어린아이들과 청소년들은 텔레비전 시리즈·연재 만화뿐만 아니라 교과서들을 통해 어떤 현실들을 인지한다. 이들 표현들은 실제로 알지 못하는 집단들의 경우뿐만 아니라, 매일 접촉하거나 자신이 속해 있는 집단들의 경우에도 강력하게 영향을 미치는 것으로 드러나고 있다.

수많은 조사 대상이 되었던 여성에 대한 이미지는 이런 현상을 아주 잘 보여 주고 있다. 여성의 전통적인 이미지인 어머니·주부 또는 텔레비전 광고가 공공연히 드러내는 미학적 대상에 대한 연구가 진행되었으며, 또는 어린아이들이 텔레비전을 보며 보내는 시간과 지배적인 성에 대한 스테레오형이 내면화되는 것과의 관계에 대해 조사되었다.

남성과 여성에게 전통적으로 부여된 역할도 여성지·연재만화·교과서에서 조사되었다. 그 결과 어떤 집단에 대한 시각이 미디어들의 담론에 의해 때로는 완전히 제조되거나, 때로는 선별된 그런 표현들과의 반복된 접촉으로 생긴다는 것이 분명히 드러났다. 스테레오형은 주로 사회적 습득의 어떤 결과라고 할 수 있을 것이다.

스테레오형들을 유효화하든가 무효화하기 위해서 직접적인 관찰을 참조하는 것으로 충분할 것이라고 생각할 수 있을 것이다. 그럼에도 직접적인 관찰도 신뢰할 수 없다는 것이 드러나고 있다. 우리가 인지하는 것은 지금 이 순간 우리 머릿속에 가지고 있는 집단적 이미지들에 의해 만들어진다. 우리는 우리의 문화가 이미 우리를 위해 정의해 놓은 것을 보고 있다고 리프먼이 말했다. 바로 그것이 미국의 백인 어린아이들에게 수업중에 멋진 저택 사진을 주며 행해진 실험이 설득력 있게 증명한 것이다. 사진을 거두어들인 후, 그 집에서 흑인 여성이 무엇을 하는지를 물어보았다. 그 학급의 많은 학생들은 흑인 여성이 청소하고 있었다고 대답했는데, 사실 그 사진에는 흑인 여성이 있지 않았었다.(클라인버그, 1963)

미국에서 행해진 또 다른 실험중, 두 사람이 말다툼하면서 한 사람이 다른 사람을 비난하는 장면을 찍은 것을 보여 주었다. 그 장면은 때로는 흑인 남자이고, 때로는 백인 남자와 관계되어 있었다. 뜻이 분명히 드러나지 않은 공격적인 행동을 한 사람이 흑인인 경우일 때에, 질문받은 사람들의 70%가 그 행동을 위협적이라고 설명했다. 백인인 경우였을 때는 15%만이 공격적이라고 설명했다. (위협받는 사람이 누구이든 상관없이.) 이것은 흑인들이 일반적으로 충동적이고 난폭한 것으로 나타나기 때문이다. 스테레오형은 이처럼 감각과 기억에 의한 판단을 만들어 낼 정도로 타자에 대한 관점을 결정시킬 수 있다. 스테레오형은 선별적 인지라는 명백한 결과들을 만들어 낸다.

　이러한 예들은 진실의 핵이라는 가정을 무효화시키는 것 같다. 그렇다고 스테레오형의 내용이 전적으로 자의적이고 오류라는 것은 분명하지 않다. 그 내용들은 현실과 관찰할 수 있는 사실에 근거를 둘 수 있다. 그럼에도 문제가 되는 것은 이러한 자료들에 대한 설명이다. 실제 한 집단의 구성원들을 스테레오형으로 정의하면서, 사람들은 이들의 사회적 신분이나 이들에게 부여된 **사회적 역할**의 결과인 특성들을 불변의 본질에 결부시킨다.

　이와 같이 프랑스와 벨기에에 이주해 온 북아프리카 이민 2세들의 사회·경제적인 신분은, 이들 나라에서 태어난 사람들보다 대체로 열등한 편이다. 능력이 덜 필요한 기능을 수행하는 이들의 모습이 더 자주 목격될 수 있다. 알제리인이나 모로코인들의 스테레오형에서 이러한 사회적 열등이 집단의 내재적 특징들처럼 해석된다.

　마찬가지로 여성의 행동도 사회적 역할을 반영한다. 즉 여성들에게서 기대하는 것이 여성의 행동 방식과 존재 방식을 결정짓는다. 여성은 이처럼 자신 주변의 행복을 염려하는 헌신적인 존재로 나타나는 반면에, 남성은 자신들의 주변에 강한 힘을 발휘하고 조정하는 것을 더욱 열망하는 존재로 나타난다. 이런 결과는 여성성을 있는 그대로 정의하는 타고난 특징과 관련된 것이 아니라, 남성과 여성간의 역할의 사회적 배분의 결과와 관련된다.

　스테레오형들이 지각과 기억에 미치는 강한 영향력은 자주 악순환을 초래한다. 사회·경제적 신분 때문에 능력이 떨어지는 존재로 인식된 프랑스의 북아프리카 이민 2세들은 수준 높은 능력을 요하는 자리로 승진되지 못할 것이며, 계속 지위가 낮은 위치에서 목격될 것이다. 설정된 여성성의 관념으로 교육받은 여성들은 자신들에게 운명지어진 기능들을 완수하기에 필요한 능력들을 키우도록 유도될 것이다. 이처럼 여성의 이미지에 대해 1960년대에 프랑스에서 행해진 조사는, 유복한 계층에서 여전히 너무 높은 교육은 여성들 자신의 '본래의 특성'대로 이끌리는 역할, 즉 가정과 자녀 양육이라는 역할을 수행하는 데서 멀어지게 한다고 생각하는 경향을 가지고 있음을 보여 준다.[4)]

사람들은 스테레오형에 동조하면서, 젊은 여성들이 이 역할을 재현하도록 이끄는 교육을 선택한다. 이미 낙인이 찍혀진 집단 구성원들이, 적대적 환경이 자신들에게 부여하는 평가 절하된 이미지에 자신을 맞추는 것과 같은 악순환의 논리, 또는 자신의 실현을 주도하는 예언의 논리에 따라서이다. 차별적인 스테레오형을 마음속에 새기면서, 이들 구성원들은 자신들의 행동 속에 이 스테레오형을 활성화시키도록 유도된다.

스테레오형들의 진실성이라는 문제가 대체로 문제가 되지 못함을 알 수 있다. 사회과학 분야들은 오늘날 이 문제 대신 스테레오형의 사용을 문제삼으려는 경향이다. 이런 태도는 경직된 집단적 도식들의 정당성에 관해 항상 문제를 제기하면서 검증하는 것이 아니라, 스테레오형이 형성되는 과정이 사회 생활과 집단들간의 상호 작용에 어떻게 영향을 미치는가를 보는 것에 관한 것이다. 다른 말로 설명하자면, 스테레오형을 옳고 그른 것으로 간주하는 것이 아니라, 유익하거나 해로운 것으로 간주해야 한다.(라이언, 1996: 28)

4

스테레오형의 기원: 인성론과 사회적 갈등론

여러 집단 구성원들과의 바람직한 관계에 장애가 되는 이런 스테레오형의 기원은 어떤 것인가? 위급한 이런 질문은 아주 다양한 대답을 가져왔다. 스테레오형과 편견의 뿌리들은 때로는 심리적 형태의 개인적인 동기나, 때로는 사회적 요인들에서 찾아졌다. 우선 1940년대와 1950년대에 절정을 이루었으며, T. W. 아도르노의 작업과 같은 경우들이 잘 보여 주었던 첫번째 접근부터 생각해 보자. 소위 **힘의 적용에 입각한** 이 관점은 정신분석학에서 몇몇 개념들을 빌려 오는데, 개인적인 문제들과 사람들간의 내부 갈등에서 오는 편견과 스테레오형을 설명하고자 한다. 다른 말로 설명하자면, 타인에 대한 적대적인 표현의 근원은 사회 생활에 내재한 제약들 이상으로 심리역동설, 인성의 심층 구조에서 찾아야 할 것이다.

이제는 고전이 된 아도르노와 그의 동료들의 《권위주의적 인격》(1950)에 대한 연구는, 특히 스테레오형과 편견에 이끌리는 개인들에게서 문제가 되는 심리적 장치들을 파악하려는 것이다. 제2차 세계대전말에 완성된 이 조사는 특히 파시즘의 문제에 더욱 관심을 가진다. 아도르노 연구진은 권위적인 증

후군에서 파시즘과 반유대주의의 중요 원인을 본다. 이들은 몇몇 개인들이 다른 사람들보다 파시즘에 대해 진정으로 끌리는 경향을 보인다는 것을 제시하고 있다. 어린 시절 반대를 허용하지 않았을 강압적인 권위——주로 아버지한테서——에 순종했던 이들과 관련될 수 있다. 아버지의 법에 맹목적으로 순종한 아이들에게서 이들에게 주입된 가치들과 이미지들을 수동적으로 받아들이게 하는 권위의 숭배가 발달된다. 이들은 너무나 단순하고 이분법적인 어휘로 생각하는 경향을 보이며, 이런 점이 스테레오형으로 쉽게 동화되도록 만들고 있다. 이들은 이들을 조장하는 선동가들에 의해 쉽게 유혹된다. 더욱이 심한 억압은 주변 사람들에 대한 적대감을 표현하는 일을 모두 막을 수밖에 없는 상황에서, 적대감은 어떤 금기를 깨는 것과 같을 것이다. 그 결과 배출구를 찾고 있는 공격성은 외부 집단에 속한 개인들을 향해 돌아선다. 이런 전이는 그에게는 정화의 가치를 가진다.

그렇지만 권위적인 성격과 파시즘과의 필수 불가결한 관계는 다시 문제가 되었다. 즉 어떤 이들에 따르면, 이것은 다른 형태들 중의 하나의 경우일 수 있다는 것이다. 권위주의가 좌파 그룹들에서도 맹위를 떨칠 때에, 아도르노가 권위주의를 극우파 정치당원들로 한정한다면 틀렸을 것이다. 이와 같이 M. 로키치[5]는 좌파 대표는 숭배하면서 중산층은 증오하는 점이 두드러진 영국의 소규모 공산당 그룹에 대한 연구를 시도했다.

다른 이들을 평가 절하하는 스테레오형의 기원은 인성보다 사회적 갈등의 용어로 자주 이해되어진다. 이처럼 무자퍼 셰리프에 의해 도입된 **사회갈등론**은 경쟁적인 상황들이 스테레오형과 편견을 형성하는 중요한 수단이 됨을 보았다. 몇 명의 동료들의 도움으로, 셰리프는 미국 청소년들을 대상으로 방학 캠프를 조직하면서 자신의 가정을 검증했다. 이런 상황에서, 실험자들은 각자 자신들의 규범과 지도자를 포함한 두 경쟁 집단이 나타나도록 상황을 이끌었다. 각 그룹간의 응집력을 위해 첫번째 단계에서 고립시킨 후, 두번째 단계는 경쟁이라는 구체적 상황에서 이들을 대립시켰다. 이 상황들은 다른 그룹에 대한 평가 절하적인 이미지를 동반한 적대적인 태도를 나타나게 했고, 이 그룹의 구성원들과의 친밀한 교제는 금지되었다. 세번째 단계로, 다른 그룹에 대한 우호적인 관점과 태도를 취하도록 각 그룹을 설득코자 시도하는 것으로서, 결국 완전히 실패로 끝났다. 개선의 방향으로 상황이 발전될 수 있었던 것은 단지 두 그룹이 외부의 위험에 대항해 긴밀한 관계를 필요로 하는 활동에서 다시 합쳐졌을 때였다. 이러한 범주에서 '갈등의 실재론'은 스테레오형을 한정된 자원을 소유하기 위한 경쟁의 결과라고 본다.

같은 취지하에서 평가 절하적인 스테레오형은 다양한 지배 상황을 합법화하는 도구로 나타난다. 다른 이들에 대한 평가 절하적인 이미지가 중요한 기능을 완수하는 것은 단지 경쟁과 분쟁이 있을 때만은 아니다. 한 민족이나 국가 집단이 다른 집단에게 순종하는 경우에도 그렇다. 실제로 "한 사회에서 우월성-열등성의 이미지가 공표되는 것은…… 자신의 위치를 유지하기 위해 지배 집단이 사용하는 수단 중의 하나이다."(셰리프와 셰리프, 1969: 277) 그러므로 피지배자들의 순종을 정당화하기에 알맞은 이미지를 야기시키는 것은 권력을 장악한 집단의 이해 관계를 위해서이다. 예를 들어 영국인들이 인도인들을 열등성의 용어로 정의하는 것은, 이 스테레오형의 이미지가 사실을 그대로 전하기 때문이 아니다. 이런 이미지를 부여하는 것이 기존의 힘의 관계를 인정하면서 식민지화의 정당성을 보장해 주기 때문이다.

이런 관점에서, 경쟁이나 지배의 관계에 들어간 집단 구성원간의 꾸준한 접촉만이 유익하다고 보는 가정이 얼마나 논의의 여지가 많은지 알 수 있다. '접촉의 가정'은 실제 비방적인 스테레오형이 주로 무지의 결과라는 생각 위에 기초한다. 즉 불충분한 잘못된 정보에서 나온다고 가정하는 것이다. 바로 거기에서 서로에 대해 편견을 가질 수 있는 집단 구성원들이 사실에 대해 부정적인 스테레오형을 직면할 수 있는 이상, 이런 스테레오형을 수정할 수 있으려면 이들을 서로 접촉케 해야 한다는 생각이 나온 것이다. 이런 전제들은 셰리프가 옹호하는 위치들과는 반대될 것이다. 갈등적인 상황을 부정적인 스테레오형의 주된 근원으로 보면서, 셰리프는 기본 여건들의 근본적인 수정만이 해결할 수 있다고 생각한다. 서로간의 접촉으로는 불충분하다. 게다가 다른 이들과의 관계는 항상 기존의 어떤 이미지에 의해 중재되기 때문에 이런 접촉은 전혀 공정하지 않다. 다양한 문화가 공존하는 지역에서, 사람들은 갈등중에 있는 집단들간의 연장된 접촉은 긴장을 해소한다기보다 오히려 더 긴장을 악화시킨다는 것을 경험으로 알고 있다.

이문화간의 의사소통에 대한 전문가들이 오늘날 다른 나라들의 참가자들을 가깝게 만드는 교육을 실행하고자 하는 것은 바로 이 모든 여건들을 고려하면서이다. 이처럼 프랑스인과 독일인의 관계를 다루는 J. -R. 라드미랄과 E. -M. 리피안스키는 이 두 민족 집단간의 대면이 서로에 대한 스테레오형을 결과적으로 강화시킨다는 것을 잘 알고 있다. 상호간의 이해를 방해하는 장애들을 제거하기 위해, 다른 사람을 만날 때 이들에 대한 스테레오화된 표현들을 체험하는 일은 피할 수 없다는 것을 인식시킬 필요가 있다고 이들은 주장한다. 프랑스와 독일 젊은이들에게서 차별적인 분류를 표현하는 일은 금지되지 말아야 하며, 오히려 쉽게 표현되어져야 한다. 그 다음에 문제가 되는 구조들을 깨닫도록 참가자들을 이끌 수 있을 것이다. 이들 젊은이들은 스테레오형들이 "나타난 사회와 역사의 상황들"에 대해 숙고하게 될 것이며, "국가간의 관계들의 역학에서 이들 스테레오형이 미치는 기능들"을 간파할 것이다.(1989: 309) 그렇지만 이러한 단계는 전문가들의 의견일 뿐 불충분하다. 즉 참가자들에게도 "내면적 동기(직업·문화·실존에 관련된)에 기초한 공동의 행동과 협동의 범주"를 제시해야 할 것이다.(1989: 209)

5

스테레오형의 창조적 기능: 사회적 정체성, 인지

위에 열거한 다양한 접근 방식들은 자신들의 공통점, 즉 공동체와 개인들 상호간의 관계 속에 내재한 긴장과 불화의 요인이라고 보는 스테레오형에 대한 생각을 숨기지 말아야 한다. 지금까지 드러난 것은 스테레오형의 부정적인 측면의 해로운 결과들이다. 몇십 년 전부터 스테레오형에 대한 전통적 비난들을 상대화하는 경향의 비평들이 많았다.(I장 참조) 그 위에 사회심리학자들은 스테레오형의 피할 수 없는, 즉 필수적인 특징을 인정하기에 이른다. 오류와 편견의 근원인 스테레오형은 사회적 응집력의 요인으로서, 자신과 타인과의 관계 설정에 창조적으로 작용하는 요소로서도 인정되고 있다. 이러한 관점에서, 《스테레오형과 사회적 인지》의 저자들은 "스테레오형들은 가능한 한 가장 효과적으로 사회적 상호 관계들을 조정하려는 목적에서 나온 결과이다"라고까지 단언한다.(라이언, 1996: 23)

사회적 정체성

스테레오형은 사회 생활에서 어떤 중요한 기능을 행하고 있는가? 집단의 고정된 표현들이 집단간의 단결력과 동질성을 강화하는 데 있어 기본적인 역할을 수행한다는 것은 오래 전부터 인식되어 왔다. 실라미의 《심리학 백과 사전》(1980)은, 이런 집단적 표현의 기능들은 "집단간의 유대를 드러내고, 집단에게 더 많은 단결력을 부여하고, 변화의 모든 위협에서 이들을 보호하는 데 있다"라고 요약한다. 동화와 그로 인한 소멸이라는 모든 위협에 맞서, 자신들의 근원적인 스테레오형들을 재확인하면서 자신들의 정체성을 보호하고자 하는 소수 공동체들을 생각하는 것으로 충분할 것이다.

게다가 인정된 의견, 공유된 이미지에 찬동하는 것은 개인이 자신이 속하고자 원하는 집단에 대한 간접적인 충성의 표현이다. 이것은 어떤 점에서는 집단의 스테레오화된 모델들을 받아들이면서 그 집단과의 동일시를 상징적으로 표현한다. 이렇게 하면서 그는 자신의 고유한 판단을 대신해, 자신으로서는 거기에 동화되는 것이 중요한 이상 집단의 보는 방식들을 택한다. 그 대신 자신의 소속이 인정받기를 은연중에 원한다. 스테레오형이 개인의 사회적 통합을 도와 준다는 것이 바로 이런 점에서이다. 동시에 스테레오형은 집단의 단결력을 보장하며, 그 구성원들 대다수는 지배적인 스테레오형에 동조한다. 스테레오형은 소속을 알리는 것으로 그치지 않으며, 소속

을 정당화하고 보장해 준다.(피시먼, 1956: 40)

이러한 소속감이 개인에게도 자신의 위치를 결정하고 자신을 정의하는 데 도움 준다고 덧붙인다면, 스테레오형이 **사회적 정체성**의 발전에 꼭 필요하다는 것이 이해될 것이다. 사회심리학에서 한 개인의 정체성은 개인적 특성의 용어로만 정의되지 않을 뿐 아니라, 집단적 소속이라는 용어로서도 정의된다. 개인적 정체성이 "개별적인 존재로서 계속 존재한다는 감정과 타인에 의해 그렇게 인정된다는 감정인 자신을 표현하는 심리적 과정"이라면, 사회적 정체성은 "개인들의 사회적 소속과 관련된 서로간의 상호 작용과 인지 활동의 결과인 자신을 형성하고 표현하는 사회심리적 과정"이다.(피셔, 1996: 202) 우리들 각자는 여러 소속에 따른 사회적 정체성을 소유한다. 즉 우리 각자는 어떤 사회 계급, 사회 직능별 집단, 다수 또는 소수 민족, 국가, 그리고 물론 성별에 동시에 속할 수 있다. 이런 다양한 범주에 대해 유통되고 있는 집단적 이미지는 정체성 성립과, 여기에 관련된 행동과 상호 작용에 있어 결정적이다.

사회심리학을 넘어서 정체성을 형성하는 데 이바지하는 스테레오형의 기능에 대한 분석은 오늘날 문화심리학, 또는 더 정확히 말해 이문화심리학에서 특히 풍요로운 결실을 맺는다. 실제 스테레오형에 대한 문제는, 예를 들어 서구 사회에서의 제3세계 이민자들의 문화 적응 상황과 같은 접촉의 상황에 대한 분석에서 반드시 나타날 수밖에 없다. 이민 1세대는 자신들의 집단적 표현들과 수용된 나라의 표현간의 불일치에서

오는 시련을 겪을 뿐만 아니라, 자신들의 체계가 비하되는 시
련과 이런 일을 통해 바로 자신이 비하되는 시련을 겪는다. 게
다가 이들은 자신들을 수용하는 사회가 자신들에 대해 가지
고 있었던 집단적 스테레오형 표현에 따라 비추어진 이미지
대로 평가되어져야 한다.(카미유리와 뱅조노, 1996: 50) 이처
럼 프랑스 북아프리카 이민 2세대들이 가족과 여성에 대해
공유하던 이미지는, 현대 프랑스 사회가 가족과 여성에 관해
제시하는 이미지들과 괴리가 있다. 자신들의 본래 문화에 대
한 세계관을 굳건히 하는 스테레오형들은 신용이 없어지고,
이 스테레오형을 계속 소통시키는 자들도 신용을 잃게 된다.
이민자들이 다른 문화를 접할 때 자신들의 스테레오형 체제
를 다시 구성하는 것이 필요하나, 그것은 대체로 어려운 일이
다. 프랑스의 북아프리카 이민 1세대들, 게다가 이민 2세대들
의 통합이나 동화를 이해하려면 바로 이런 재구성의 다양한
양상들을 통해서이다.

다른 관점에서 사회심리학은 스테레오형이 사회적 정체성
이상으로 어떻게 강화하는지 보여 준다. 즉 주체가 자신의 고
유한 인격에 대한 평가로 정의되는, 자아에 대한 평가를 스테
레오형이 어떻게 강화하는지를 보여 준다. 실제 스테레오형
은 우선 '그들'과 '우리'를 편리하게 구분해 주는 범주화의
도구로 나타난다. 이 과정에서 집단은 타자들과는 다른 특별
한 모습을 얻게 된다. 이런 동일성은 상대적인 두드러짐, 즉
같은 집단 구성원들간의 유사함을 지나치게 강조하면서 얻어
진다. 개인들간의 다양성은, 이런 다양성을 거부 또는 인식할

수 없을 정도로 최소화된다. 이것은 자아와 타자에 대한 인식이 신용할 수 없는 범주화의 과정에 기초를 두는 순간부터 오류라는 결과에 이른다는 것을 의미하는 것인가?

1969년 앙리 타이펠에 의해 도입된 '사회정체성론'의 대표자들에게 있어, 스테레오화된 표현들은 왜곡될 때도 작동한다. 사실상 우리가 같은 집단 구성원들간(영/프랑스어로는 in-group/endogroupe)의 유사함을 강조하려는 경향이 있다면, 그것은 대체로 외부 집단(영/프랑스어로는 outgroup/exogroupe)의 타자들을 희생시키고서라도 우리들에게 더 높은 가치를 부여하기 위해서이다. 단일화된 어떤 이미지를 투사시키는 것은 이들과 마주할 때 더 낮게 평가하게 한다. 이 영역에서 행해진 실험들에 비추어 볼 때, 이런 비교는 대체로 평가자가 속한 집단에 유리하게 돌아가도록 하는 것 같다. 사회적 정체성론에 의하면, 이런 편파적인 태도는 주체로 하여금 자신의 고유 가치에 대한 의식을 증가시킨다. 자신을 정의해 줄 집단의 이미지에 이끌리는 이유는 당연히 자신에 대해 자신이 만들어 놓은 개념 때문이다. 이와 같이 도구로 쓰이는 범주화는 자신을 평가할 때 유익한 효과를 낼 수 있다. 즉 주체의 자신에 대한 평가는 자신이 속한 집단이 획득한 것으로 보이는 명성이라는 매개에 의해 이루어진다.

타이펠에 의하면, 어떤 집단에 소속되는 느낌은 다른 집단에 대한 적대적인 이미지를 야기시키는 것만으로도 충분하다는 점을 주지하자. 사회적 갈등 이론가들이 주장하는 것처럼 이해나 경쟁에 의한 대립은 전혀 필요치 않다. 상상적인 집단과 소속을 사방에서 만들어 내는 실험들은 이런 관점을 확인해 주는 것 같다. 개인이 어떤 범주를 만나는 순간부터, 그는 자신의 집단에 속하는 모든 사람들을 더 좋게 평가하는 경향이 있다.

민족심리학, 또는 언어적·문화적·역사적 동질성(국가의 개념과 반드시 일치하지는 않는)을 나타내는 집단들의 심리학이 정체성의 형성에 미치는 스테레오형의 기능에 관한 이런 관찰들에 다시 관심을 갖게 된다. 이 영역에서 《민중심리학지》에 이어 나타난 《민족심리학지》에서 일반 유형에 대한 고찰과 같은 수많은 특이한 연구를 볼 수 있을 것이다. 이들의 활동 분야 중 하나는 원상론, 또는 "한 민족이 다른 민족과 자신에 대해 형성한 표현들의 내용" 분석이다.(라드미랄과 리피안스키, 1989: 228) 표본 조사와 실험의 도움으로, 민족이 자신들과 타인들에 대해 형성한 스테레오화된 이미지를 끌어내는 경향과는 별도로, 하나의 정체성은 다른 정체성들을 직면하면서 발달되는 역동성에 관한 연구가 있다. "개별적인 표현들의 나열"이기보다, 이 작업들은 "자아와 타자에 대한 표현을 밀접하게 연결하는" 이미지 체계의 논리를 탐구한다.(라드미랄과 리피안스키, 1989: 221) 이와 같이 라드미랄과 리피안스키의 이문화간의 소통은 프랑스-독일의 비유에 대한 연구에 기초를 두고 있다. 이 연구에서 거울놀이의 모든 양면성과 복합성이 있는 그대로 밝혀지고 있다.(문학 연구에서의 원상론에 관해서는 III장, 118-120쪽 참조)

이 모든 분석을 넘어서, 정체성과의 창조적인 관계에서 본

스테레오형에 대한 분석은 모든 사회적 상호 작용이 포함하고 있는 반사놀이로 유익하게 확대될 수 있을 것이다. 사회적 상호 작용은 참가자들이 서로서로에 대해 미리 만들어 놓은 이미지의 기호 아래에서 반드시 이루어진다. 사회적 상호 작용은, 참가자들이 이런 상호 작용을 성공적으로 수행하기 위해 구성하고자 하는 자신에 대한 이미지 게임을 시작한다. 사회학자 어빙 거프먼에 의하면 의사와 환자의 만남, 판매자와 고객의 만남, 사랑에 빠진 남자와 여자의 만남 등 모든 만남은 어떤 사회적 규율에 맞게 자신을 소개하는 것을 전제한다. 이 사회학자는 이처럼 주어진 사회적 행위를 실현시키기 위해 만들어 내야 하는 인상이 어떤 틀에 박힌 역할들을 통해, 또는 "표현하는 동안 발전되며, 다른 경우에 제시하거나 사용할 수 있는 기존의 행동 방식"의 연출을 통해 이루어지는 모든 극작법을 연구해 나간다.(1973: 23) 스테레오형의 개념이 비록 실제 술어학에서 중요 개념을 형성하지 않을지라도, 어떻게 사회적 상호 작용의 연구에 개입할 수 있는가를 알 수 있다.

스테레오화 과정과 인지

고정된 집단적 표현들이 사회적 정체성의 발달과 모든 상호 작용을 형성하는 역할놀이에서 결정적인 역할을 한다면, 그것들은 또한 **사회적 인지**에서 중요한 기능을 수행한다. 이 분야가 사회심리학과 대거 합류하게 된 것은 1970년대 말경이다. 이 분야는 우선 사회 정보의 처리, 즉 한 개인이나 한 집단에 관련된 정보들을 선택하고 코드화하고 저장하는 방식에 관심 갖는다. 스테레오형들을 도덕적으로 비난할 만한 일반화의 남용으로 간주하기보다, 인지 차원의 연구들은 스테레오형에 의존하는 것이 '정상적'인 과정이라고 본다. 이들 연구는 통상적인 인지 과정, 특히 정보를 획득하고 발전시키고 저장하는 데 기여하는 스테레오형들의 역할을 탐구하고자 한다. 우리들 각자가 다른 사람을 인지하고 받아들이거나 기억하는 방식에서, 무엇이 기존의 집단적 도식들의 영향을 받는 것인가? 일치되지 않는 정보들, 또는 일관성이 없는 정보들이 어떤 범위 내에서 고찰되고 통합되는가? 이런 형태에 대한 질문들은, 보다시피 사회에 살고 있는 모든 개인들의 고유한 심리적 작용들을 목표로 삼지, 어떤 잘못된 과정, 즉 비정상적인 과정을 목표로 삼지 않는다.

이미 1950년대에 솔로몬 아슈는 스테레오형에서 대중적 생각이 불충분하게 드러나는 흔적만을 보려는 경향에 반대했다. 그는 개인들과 집단들에 관련된 **인상들이 형성될 때**, 즉 개별적인 다양한 특징들이 일관성 있는 총체 안에서 조직되는 과정에서 스테레오형의 중요한 기능을 보았다. 이런 범주에서 스테레오형은 바로 자신의 단순화에 의해 생산적인 개념화를 이루는 것으로 인지된다. "단순화된 인상들이라고 그는 썼는데, 이들 인상들은 환경을 이해하고, 분명하고 의미 있는 시각을 정립하기 위한 첫번째 단계이다."(아슈, 1952: 235) 단순화된 인상들은 실제 너무나 많은 세부 사항들을 동시에 파악할 때 생길 수 있는 혼란을 정리하게 해준다. 이런 조건들이 그것을 허용할 때, 이러한 첫번째 인상들은 그 다음 새로운 경험에 비추어 수정되고 연결될 수 있다. 아슈에 의하면, 인상들이 형성되는 과정은 스테레오화 과정이 허용한 도식화와 범주화의 과정을 떠나 연구될 수 없다.

이런 작업들로 타자를 인지할 때 스테레오화된 도식이 미치는 영향에 대한 긴 논쟁이 시작되었다. 인지 과정은 아슈가 이해한 것처럼 자료들과의 관계를 결정짓는 다소간 추상적인 구조에서 출발하는 것인가? 또는 앤더슨의 지지자들이 이해한 것처럼 이 인지 과정은 기억 속에 저장된 이미 존재하는 이미지에서라기보다, 직접적으로 수집한 정보에서 출발한 행로를 따라가는 과정인가? 두 학파를 대립시켰던 이런 논쟁은 오늘날의 현대적 연구자들에게는 낡아 보인다. 이들에 의하면 우선권의 정립이 문제가 아니라 언제, 어떻게, 그리고 어느 정도 수준에서 우위를 점하는 것이 때로는 이론(스테레오화된 도식들)인지, 때로는 있는 그대로의 자료들인지를 이해하는 것이 문제이다.(라이언, 1996) 게다가 동기 부여 요인들은 스테레오형들에 부여된 영향력으로 정보 처리 과정에 참여하는 것 같다. 상황에 따라 사람들은 전체적이며 단순한 인상으로 이끄는 기존의 어떤 모델에 피상적으로 의존하는 데 그치거나, 때때로 이질적이거나 일관되지 않은 자료들에 더 깊은 관심을 보일 수 있다.

게다가 다양한 실험들을 통해 어떤 개인이나 집단을 대할 때, 이미 가지고 있는 지식을 확증해 주는 특징들이 다른 특징들보다 더 많이 기억된다는 사실이 증명되었다. 우리들 마음속에 어떤 기대를 불러일으키는 이미 정립된 이미지를 가지고 있을 때, 우리는 이런 기대를 공고히 해줄 새로운 정보들을 선택하는 경향이 있다. 이런 정보들은 기존의 스테레오화된 개념들과 더욱 쉽게 일치함에 따라 더 잘 인지되고 기억된다. 그렇다면 소위 일치하지 않는 정보들, 즉 서로 모순되거나 기억에 등록된 집단적인 도식에 부합하지 않는 정보들은 어떻게 되는가? 사회적 인지 영역에 대한 아주 많은 연구들은, 적합치 않은 자료들의 고찰에 영향을 주는 환경(주체에 의해 추구된 목적의 수, 주체가 마음대로 사용하는 시간……)과 같은 일치하지 않는 정보들이 처리되고 저장되는 다양한 양태에 관심을 가진다.

오늘날 인지에 대한 연구들의 급증으로 이 모든 문제들을 단순히 나열할 수도 없으며, 대립적이지는 않더라도 차별화된 이론들 가운데서 이루어지는 진전 상황을 소개할 수도 없다. 여기서는 일반적인 관점을 살펴보는 것으로 그치고자 한다. 정보 처리의 문제로 몇몇 연구자들은 스테레오형에 의지하도록 이끄는 인지와 기억화의 오류를 강조하는 일에 관심 갖게 되었다. 이런 합당성의 결핍은 인간 능력의 한계 탓으로 돌려진다. 이런 자연적인 한계 때문에 스테레오형의 사용은 필수 불가결한 것으로 드러난다. 그때부터 스테레오형은——도덕적인 비난을 받지는 않더라도——다시 비하의 의미로 해석될 위험이 있다. 라이언·이저빗·샤던의 《스테레오형과 사회적 인지》라는 책은 바로 이런 경향에 반대한다. 이들은 스테레오형에 의지하는 것은 정상적이고 합리적이며 유익하다고 주장한다. 범주화와 도식화의 단계는 개별화하는 능력을 전혀 없애지 않으며, 인지에 꼭 필요하다. 이런 관점에서, 생산물로서의 스테레오형과 과정으로서의 스테레오화(stéréo-typisation이라고도 함)는 구분되어질 수 있다.

우리는 스테레오형(사회적 내용)과 스테레오화 과정(사회적 배경 속에서 자리잡으며, 사회적 배경에 의해 만들어지는 개인적 과정)을 구분할 것을 주장한다. 사람들은 특수한 어떤 내용 없이는 살 수 있어도 과정 없이는 살 수 없다.(라이언, 1996: 12)

스테레오화 과정은 일반화라고 정의할 수 있으며, 사용되는 상황에 따라 유익할 수도 해로울 수도 있다.(라이언, 1996: 30)

이런 접근이 제시하는 것은 연구 주제를 정말 벗어난 것이다. 집단적 도식 또는 고정된 문화 표현과 같은 스테레오형과, 인지 과정으로서의 스테레오화 과정의 구분은 인지적 연구를 넘어 스테레오형에 관한 모든 사고에 풍부한 바탕을 제공할 수 있다. 유익한 인지 단계로서의 스테레오화 과정을 연구하는 경향은 다른 분야, 예를 들어 독서 이론 같은 분야에서도 다시 보여진다.(Ⅲ장 참조)

6

스테레오형과 사회적 표현

다른 성질로의 접근은 스테레오형의 개념보다 **사회적 표현**의 개념을 연구하는 세르주 모스코비치에게서 영향받은 사회 심리학에서 나타난다. 스테레오형처럼 사회적 표현은 주어진 대상에 대한 관점을 주체의 사회-문화적 소속과 연관짓는다. 스테레오형처럼 사회적 표현은 '자발적'이며, '타고난' 지식으로, 또는 과학적인 사고와 반대되는 자연적인 사고로 이해되는 '상식적인 지식'의 결과이다. 전통·교육·사회적 소통에서 물려받은 지식에서 나온 이런 지식은, 개인이 세상을 인지하는 지식뿐만 아니라 사회적 상호 작용도 만들어 낸다.(조들레 in 모스코비치, 1988: 360) 이런 관점에서 사회적 표현은 "사회적으로 발달되고 공유된 지식의 형태, 실용적인 목적을 가지며 사회 전체에 공통된 현실을 구성하도록 협력하는 지식의 형태"로 정의될 수 있다.(조들레, 1989: 36) 비교적 모호한 사회적 표현은, 모스코비치를 중심으로 이루어진 프랑스 학파에 수많은 논의를 제공하는 풍부한 작업들의 계기가 되었다.

그렇지만 사회적 표현은 스테레오형과 어떻게 다른가? 사회적 표현을 다루는 장 메조뇌브는 이렇게 암시적으로 말한다: "우리가 스테레오형에 대해 앞에서 썼던 것이 여기서 다시 나오는군요." 그렇다고 해서 다시 구분하는 것을 잊는 것은 아니다: 사회적 표현이 '여론의 세계'를 가리키는 반면, 그에 따르면 스테레오형은 어떤 한 요소의 결정체일 뿐이다. 스테레오형은 단지 표지로 쓰일 뿐이다.(1989: 146) 하지만 메조뇌브는 스테레오형을 지표, 사회적 표현의 점괄적 표시로 보는 것으로 그치지 않는다. 그는 단호히 불리한 입장으로 스테레오형을 몰고 가면서 평가 절하한다.

스테레오형의 특성은 비천하고 야만적이며 경직되어 있다는 것과, 일종의 너무 도식화된 본질주의의 경향을 가진다는 점이다. 즉 이런 경향 안에서 일반화는 같은 하나의 낱말로 모든 존재들 또는 모든 대상들에게 똑같은 특성을 부여하는 **확장**과, 낱말들로 표현될 수 있는 특징들을 극도로 단순화시키는 **이해**에 동시에 영향을 미친다.(1989: 141)

간단히 말해, 여기에는 스테레오형을 처음처럼 비하하려는 경향이 있다. 인지에서의 집단적 도식의 창조적인 면들, 상호 작용·의사소통은 사회적 표현의 개념으로 강제 수용되는 만큼 더욱 쉽게 부정되어진다. 모스코비치에게서 영향받은 경향은 특수한 사회적 표현들(심리 분석·여성·광기·도시 등)에 대해 풍부한 연구를 보여 준다. 동시에 이들 경향은 사회적 표현의 개념을 상식·태도·인지와의 관계에서 끊임없이 다시 만들어 내고 다듬는다. 사회적 표현의 복합적인 역동성을 가장 중요하게 보는 이들의 작업은 스테레오형의 이론들에 전혀 의지하지 않는다. 그렇지만 스테레오형이라는 방패막 아래에서, 유사한 문제들이 앵글로색슨계의 사회심리학의 수많은 작업들에 의해 자주 상기된다. 그러므로 스테레오형과 사회적 표현에 대한 현대적 연구들이 자주 서로 교차된다. 물론 사회적 상상계와, 한 집단이 세상을 인지하고 이해하는 방식들인 집단적 표현들의 논리에 관심 갖는다는 점에서, 사회적 표현이라는 용어는 스테레오형의 용어보다 부정적인 의미가 함축되지 않는다는 이점이 있다.

경험론적, 즉 주로 실험적 방법에 의해 실행되는 사회과학들의 탐구 방식들 덕분에 스테레오형은 여러 질문이 가능한 교차점에 놓이게 된다. 이들 사회과학 분야는 스테레오형의 부정적인 측면으로서, 이들을 편견과 사회 집단들간의 갈등의 문제와 결부시킨다. 스테레오형의 긍정적인 측면에서는, 사회적 정체성을 형성하는 사고의 중추적 역할을 본다. 스테레오화 과정의 역동적 차원에서 볼 것 같으면, 스테레오형은 사회적 인지를 발달시킨다. 자신과 타인의 이미지, 편견, 사회적 상호 작용, 스테레오화 과정의 인지 과정, 이 모두에 관련된 스테레오형의 분석들은 사회 비평·독서론·정치 담론의 분석 또는 언론 담론의 분석과 같은 다른 분야에서도 이루어지고 있다. 이런 분석들은 비경험론적이라는 특성과 담론을 통한 접근으로 사회심리학과 전반적으로 구분된다. 즉 이들 분석들은 주로 글로 된 자료들을 연구한다. 집단의 고정된 이미지는 설문지나 방향이 정해진 실험의 범주 안에서 밝혀지는 것이 아니라 텍스트라는 자료에서 밝혀진다. 여기에서 집단 이미지는 역시 두 가지 성질로 나타나는데, 때로는 사람들이 밝히려고 애써 왔던 단순화된 도식으로, 때로는 창조적 기능과 생산성이 분석되는 긍정적 요소로 나타난다. 여러 문학 연구 분야들(Ⅲ장)과 마찬가지로 담론의 분석(Ⅳ장)에서 이런 점들을 살펴보고자 한다.

클리셰, 스테레오형, 문학

사회과학 분야들이 주로 스테레오형들을 연구한다면, 문학 연구들은 클리셰의 개념을 중요하게 여겼다. 문체론의 대상이 었다가 시학의 대상이 된 클리셰는 미학적 효과면(무엇보다 도 수준 낮은 문체의 특성으로 평가되어)에 이어 텍스트 생산에 서의 기능과 역할면에서 검토되었다. 고정된 언어 형태를 넘어, 20세기 비평은 허구적 작품에 나타난 사회적 표현들에 관심을 가졌다. 바르트의 글에서부터 사회 비평·원상론에 이르 기까지 20세기 비평은 독사[6]의 표현과 사회 통념의 표현, 문학 텍스트에 나타난 문화와 민족에 대한 스테레오형들의 활용을 분석한다. 끝으로 세번째 관점에서, 클리셰와 스테레오 형은 문학 교육법과도 겹치게 되는 독서론과 수용론의 대상이 된다.

1

클리셰 연구: 문체론에서 시학까지

클리셰의 문체론

19세기말 수사학이 붕괴되면서 문체론이 나타나고, 단번에 규범이 된다. 앙투안 알발라의 책《글 쓰는 방법: 20과의 예》(1899)가 그 좋은 예이다. 1880년 이후 교육 프로그램에서 가치가 사라진 수사학적인 교육에 대한 반작용으로, 알발라는 문체의 세 가지 기준을 독창성·간결함·조화로 정의한다. 르미 드 구르몽처럼 그가 클리셰를 거부하는 것은 바로 독창성을 위해서이다.

모든 사람들이 사용하는 틀에 박힌 문체, 진부한 문체, **클리셰** 문체가 있다. 이들의 중성적이고 낡은 표현들은 모두에게 소용된다…… 바로 이런 문체를 가지고는 글을 쓰지 말아야 한다…….

가능한 한 결단코 틀에 박힌 표현들은 쓰지 말아야 한다. 진정한 작가라는 표시는 순수한 말이고 표현의 창조에 있다…….

클리셰의 특성, 틀에 박힌 표현의 특성은 단순하다, 평범하

다, 또는 이미 사용되었다가 아니다; 다른 더 단순한 것으로
그것을 대신할 수 있다는 것에 있다.(알발라, 1899: 61과 65)

알발라는 클리셰를 몇몇 소설들의 '만능 문체'와 결부시킨
다. 이와 같은 표현들로는 애정 소설에서 차용한 클리셰적인
수식어들(쓰디쓴 눈물, 말로 형용할 수 없는 공포, 감미로운 황
홀, 달콤한 몽상), 또는 이 문체학자가 냉정하게 수정하는 같은
의미의 표현들, 동사구들(répandre des larmes 대신 pleurer;
prendre l'habitude 대신 s'accoutumer; faire violence 대신 vio-
lenter로 말할 것)이 주로 포함된다.

알발라의 관점은 교육적이고 규범적이다. 즉 사람들은 어떻
게 써야 잘 쓰는지 배울 수 있고, 그러기 위해서는 클리셰를
피해야 한다. 이 문체학자는 또한 《작가들과의 동화를 통해
배우는 문체 교육》(1901)과 《대작가들의 자필 교정본을 통해
배우는 문체 작업》(1903)의 작가이기도 하다. 장 폴랑이 역설
적으로 밝혔듯이, "알발라는 대작가들을 관대하게 수용하고
관찰하는 것이 나쁜 작가를 조금 덜 나쁘게 만든다고 전제한
다."(폴랑, 1967: 28)

몇 년 후, 샤를 발리의 《프랑스 문체학 개론》(1909)은 클리
셰를 비하시키지만, 더 예리하며 상대주의적인 평가를 내린다.
그는 클리셰가 여러 가지 수용 형태를 가질 수 있음을 시사
한다:

클리셰는 반복되는 덕분에 모든 맛을 잃어버리지만, 어떤 경

우에는 독창적인 창조로 간주될 수 있다. 클리셰를 진심으로 사용하는 이들에게는, 클리셰는 불완전한 문화를 보여 준다. 사람들이 클리셰의 진정한 이런 성질을 이해하게 되면, 사람들은 농담으로만 이들을 사용한다.(발리, 1951: 85)

발리에게서 클리셰의 기원은 "유행되었다가 공동 영역으로 넘어간 문학적 표현들"이다. 즉 고전주의 시대의 시가 쓴 우언법들(낮의 별), 작가의 문장들 또는 이름 없는 기원을 가진 문장들, 연설가의 클리셰(89년의 불멸의 원칙들), 그리고 신문들의 문체가 그런 표현들이다. 그는 《보바리 부인》의 농업공진회 장면에서 클리셰를 풍자적으로 모방 사용한 플로베르를 인용한다. 그리고 조르주 오네와 옥타브 푀예의 작품들을 클리셰 표현의 예로 든다. 오네의 《대규모 채석장》(1885)의 시작은, 카뮈의 《페스트》(1947)에서 조제프 그랑이 자신도 모르게 다시 쓰는 바로 그 문장의 모델이 된다. 매일 저녁 미화된 묘사로 고쳐 쓰거나 어순을 바꾸면서, 원본의 첫 문장을 다시 손질하는 시청 직원은 G. 오네의 클리셰를 알아차리게 된다: "5월 어느 멋진 아침, 훌륭한 밤색 암말에 올라탄 한 우아한 아마존 여자가 꽃이 만발한 숲길을 달리고 있었다……." 오네의 소설은 다음과 같이 시작된다: "……화창한 여름 어느 날 아침, 상당히 빈약해 보이는 암말을 탄 아마존 여자가 고삐를 내린 채 생각에 잠겨, 만발한 클로버 꽃 냄새가 진동하는 따뜻한 공기를 마시며, 천천히 가고 있었다……. 우아하고 날씬한……."

1941년에 처음 발간된 후 여러 번 재판된, 쥘 마루조의 《프랑스어 문체론 개요》도 역시 전통적인 비하의 성질을 띠고 있다. 이 책은 '형식과 클리셰'의 사용을 "한편으로 창의력이 결핍된 단순한 사람들의 언어라는 특징을 가지며"(목말라 죽을 지경인, 개 같은 직업〔고약한 직업이라는 뜻〕), "다른 한편 광고업자들처럼 자신만의 문체를 만들 만한 시간이 없기 때문에, 학식 있어 보이는 형식들을 나열하고 싶어하는 어중간한 교양을 가진 성급한 작가들의 언어라는 특징(범죄 동기, 도덕적 타락의 요인들, 평범하지 않으면서도 양식에 걸맞는고로 가장 완전한 진심이 배어나오는 선언)을 가진다"라고 본다.(마루조, 1969: 145)

클리셰에 대한 너그럽지 못한 태도와 대립되는 것이, 바로 장 폴랑의 유명한 비방문인 《타르브의 꽃 또는 문학에 나난 폭정 체제》(1941)이다. 그는 구르몽과 알발라의 분석들을 비판하면서 수사학의 몇 가지 사용과 일반 공론을 재평가한다. 문학에 나타난 폭정 체제는 말의 힘에 대한 두려움으로 사고에 비해 언어가 과도히 발달되었다는 특징을 가진다고 그는 본다. 이런 관찰도 "두 가지 상반된 이유 때문에 오류이다. 즉 클리셰가 재창작되었다면 작가는 자신의 말들보다 자신의 진실에 훨씬 더 몰두했다는 것이고, 클리셰가 단순히 반복되고 습관적으로 쓰였다면 이런 습관성은 낱말들이 눈에 띄지 않고 지나간다는 뜻이다."(폴랑, 1967: 55) 폴랑은 사랑의 문자들을 예로 들고 있다: "이 말들을 쓰거나 받는 이에게는 무한히 풍부하고 특별한 의미를 가지나, 진부함과 췌언 덕분에 외국인에게는 이해가 되지 않는다.”(폴랑, 1967: 55) 폴랑은 또한 재미있는 어떤 우화들에서 클리셰와 창조적인 말이 서로 다르지 않다는 것을 보여 준다. 《랑줄롱 가의 언어 사건》은 캐나다에 머무는 동안 우스꽝스럽다고 여겨진 어투들을 들여왔던 사촌 앙리에트의 이야기를 다루고 있다.

그녀가 돌아왔을 때, 사람들은 그녀가 속담으로 이야기하고 끊임없이 '말귀를 잘 알아듣는 이에게 안녕'이나, '어떤 점의 부족으로'라고 말하는 것에 집착함을 알았다……. 몇 년 후 흥미로운 사건이 일어났다.
랑줄롱의 친구들과 이웃들은, 언제나 진부한 문장들을 비웃었던 랑줄롱 가 사람들이 이번에는 자신들이 끊임없이 '앙리에트처럼'이나 '어떤 점의 부족으로'라고 하면서, 속담으로 말하기 시작한 것을 보고 놀랐다. 분별 있는 사람들은, 앙리 모니에는 조제프 프뤼돔처럼, 알프레드 자리는 위뷔 영감처럼 되었다는 것을 상기했다. 무분별한 사람들은 '랑줄롱 가 사람들처럼'이라고 시작하는 새로운 속담을 만들었다. 아마 이들이 그 다음 차례였을 것 같다. 그리고 이 점을 조금 생각해 본다면, 랑줄롱 가의 이러한 불운은 피할 수 없는 일이었다.(폴랑, 1966: 187)

그렇지만 문체론에서 클리셰에 대한 규범적인 관점이 우세하려면 1960년대의 구조주의 시대와 언어학의 발전을 기다려야 한다. 미카엘 리파테르는 이와 같이 가치 판단과는 상관없이 클리셰를 연구 대상으로 본 최초의 사람이 되었다. 이와는 반대로 그가 미학적 효과의 징후라는 차원에서 더욱 중시하는 것은 바로 가치 판단, 독자의 반응이다: **"이미 본, 진부한, 되풀이된, 거짓된 우아함, 닳은, 구태의연한** 등과 같이 판단되는 일단의 말들을 클리셰라고 생각한다."(리파테르, 1970: 162) 이것은 '진부할 수 있으나 효과가 없다고는 할 수 없는' 클리셰의 효과를 연구하는 일과 관련된다: "진부함과 사용으로 인한 훼손을 혼동하지 말아야 한다."(리파테르, 1970: 163) 문학적 미학의 영역에 머무르면서 평가 대신 기능적인 범주를 택하는 것이다. 클리셰는 다음과 같이 스테레오형과 구분된다.

혼자서 이루어지는 스테레오화 과정이 클리셰를 만들지 못한다는 점을 강조하는 것이 아주 중요하다. 즉 관용적으로 고정된 언어 계열은 어떤 문체를 제시하는 일과, **인간 개미군단**과 같은 은유, **법적인 살인**과 같은 대조법, **죽을 지경의 불안**같은 과장과 관련되는 것이 더 필요하다.(리파테르, 1970: 163)

그것은 또한 그것이 삽입된 텍스트의 체계와 연결된다. '천둥 같은 목소리'라는 표현은 《레미제라블》의 마리위스의 말, 보들레르의 《허풍선이》에서 사뮈엘 크라메르의 명령, 또는 프루스트의 작품에서 코타르 박사의 목소리를 수식할 때에 따라, 의미 효과의 다양한 측면에서 분석되어진다.

리파테르는 클리셰의 두 가지 중요한 사용을 구분한다. 클리셰는 작가의 문체를 구성하는 요소가 될 수 있다. 클리셰는 이런 사실에서 장르의 특징이 되고, 자주 일상어와 비교되면서 문학성을 보여 주는 특징이 된다. 그라크의 초현실주의 소설 《아르골 성에서》처럼 소설의 클리셰는 이야기를 상징적으로 읽기에 적당한 분위기를 준비하는 오페라적인 배경을 만들어 낸다. 클리셰는 또한 문체와 개인어의 모방 기능을 수행할 수도 있다. 작가에 의해 '표현된' 클리셰는 여러 가지 특징으로 구분된다. 즉 '날카롭게 꼬집는 말'의 역할을 하는 굵은 글씨체나 따옴표와 같은 활자상의 표시로, 또는 주석으로 구분된다. 그 예로 《잃어버린 시간을 찾아서》에서 게르망트 공작의 대화에 대한 서술자의 주석——"소시민처럼 말하는 공작은, 우리에게 (자신의 본래 계층이 아닌 자신의 정신적인 계층 사람들처럼) 말하고 있다"——을 들 수 있다.(리파테르, 1970: 177) 클리셰는 또한 문맥(직접화법 또는 자유간접화법으로 이야기된 말과 생각들, 반복 또는 중첩법의 효과)에 의해서 드러날 수도 있다. 우리들은 패러디와 풍자로 사용되는 클리셰에 도달하게 된 것이다.

리파테르의 글은 문체 연구에서 클리셰에 대한 규범적이지 않은 접근 방식을 시도한다. 클리셰는 문학적 효과라는 어휘로 인식되고 있다. 클리셰는 사용으로 인한 마모와 다양한 기능이라는 바로 그런 이유로 문학 텍스트에서 관심을 끈다. 이런 관점은 안 마리 페랭 나파크의 논문(《현대 프랑스어의 클리셰 문체》, 1985)에서 잘 다루어져 있다. 저자는 클리셰와 문체의 관계, 그리고 문학에서의 클리셰의 역할(장식에서 재생, 모방에서 패러디에 이르기까지)을 분석하고 있다.

클리셰의 시학

《클리셰의 담론》(1982)에서, 뤼스 아모시와 엘리슈바 로장은 문학적 현동화의 다양한 형태 안에서 클리셰의 기능에 대한 연구를 발전시킨다. 이들 작업은 클리셰의 분석을 형식적·발화적·화용론적·역사적인 기준들과 만나는 담론들의 어떤 문제점(문학 장르 이상으로)과 다시 연관짓는 것에 관심을 둔다. 예를 들어 이들은 낭만주의 산문, 클리셰와 낭만주의 서정성(뮈세·샤토브리앙·플로베르), 발자크와 플로베르 작품의 '사실주의적' 표현에 나타난 클리셰와 사실임직함, 경향 소설(사르트르의 《어떤 지도자의 어린 시절》)과 논증적인 텍스트(카뮈의 《전락》)에 나타난 클리셰와 논증, 끝으로 클리셰의 유희적인 사용에 관심을 가진다. 이 책은 클리셰의 갱신, 클리셰와 언어 유희와의 관계, 특히 프로이트적인 재치 있는 말과의 관계를 문제삼는다. 클리셰의 직역화는, 프로이트에 의해 인용된 하이네에 대한 관찰의 경우처럼 이중적 의미를 갖는 희극성을 만들어 낸다: "먹을 것이 많았을수록 작가는 덜 신랄했을 것이다."[7] 《클리셰의 담론》이 다루고 있는 초현실주의적인 제목들(브르통의 〈지구의 반사광 Clair de terre〉, 또는 데스노스의 〈목 없는 이들 Les sans cou〉)은 클리셰를 유희적으로 사용한 또 다른 예이다. 프레베르의 〈행렬 Cortège〉이나 〈탈곡기 La Batteuse〉[8]와 같은, 어떤 시들은 전부 상투적인 문체 형식들을 새로운 의미 관계 위에서 다시 세우거나 파괴하

기도 하였다.(《말》, 1949)

> 그들은 여자들을 붙들었다
> 그들은 그녀들을 도랑 속에다 쓰러뜨렸다
> 그들은 땅바닥에 쓰러졌다
> 그들은 온 밭을 타작했다.
> Ils ont pincé les filles
> Ils les ont culbutées dans le fossé
> Ils ont mordu la poussière
> Ils ont battu la campagne.

클리셰의 재생은 모든 종류의 변이를 보여 준다. 로트레아
몽의 패러디, 초현실주의자들의 시에서 보이는 연속적인 은유
(리파테르, 1979), 그라크의 소설에서 재사용되는 클리셰가 그
런 것이다. 이런 재생은 작가들을 토대로 한 수많은 작업을 가
능케 했다.

리파테르의 작업으로 인해 또 다른 길이 형성된다. 1970년
의 문체 연구는 이미 상호 텍스트성의 차원과 문학 텍스트의
생성 과정에 맞추어 클리셰를 시학적으로 이해하기 시작하고
있었다. 리파테르의 글들은 계속해서, 문체 효과에 대한 질문
을 의미의 생산이라는 더욱 일반적인 문제로 보는 일종의 텍
스트 기호학을 향해 발전되어 나갔다. 클리셰는 외부 지시 대
상에 전적으로 의지하면서 문학 텍스트의 생산 모델들 중의
하나로서 개입한다. 보들레르의 시 〈전환성〉에 나오는 '원한

맺힌 눈물(larmes de fiel)'이란 표현은 클리셰에 준하여 설명
된다.

눈물(larmes)은, 쓰라린 눈물(larmes amères)과 같은 클리셰
를 포함하는 슬픔을 묘사하는 체제라는 범주 안에서 쓰라린
마음(amertume)이라는 이미지를 가진다. 마찬가지로 '원한 맺
힌(fiel)'의 경우도 쓰디쓴 찌꺼기(lie amère)와 유사한 클리셰
쓴잔(coupe de fiel)에서 나온 것임이 증명된다……. 그러므로
지시 대상은 전혀 남아 있지 않다. 우리들은 스테레오화된 두
개의 기표, 쓰라린 마음(amertume)의 아주 효율적인 두 개의
동의어와 상관하게 된다.(리파테르, 1979: 20)[9]

다른 한편 클리셰는 더 넓은 구조들, 시학적인 텍스트 생산
에 공헌하는 일반 공론과 스테레오형의 체제에 통합된다. 클
리셰는 모사나 전환을 통해 문학적인 문장을 생성하는 모델
로 쓰인다.(리파테르, 1979: 46-60) 클리셰는 또한 어떤 낱말
의 '묘사 체계'를 형성하는 망과 연결되어 있다. 리파테르는
《악의 꽃》의 세번째 '우울'에서 왕이라는 말을 예로 든다: "비
하적으로 취해진 왕이라는 말이 어떤 체제의 중심에 있는데,
이 체제의 주위를 도는 위성 말들로는 전능한 왕의 고독 · 권
태 · 무능함과 관련된 스테레오형들로 아첨꾼 · 광대 같은 말
들이 있다."(리파테르, 1979: 41) 외연적이기만 한 읽기와는
반대로, 클리셰는 이와 같이 파생 유형들(hypogrammes: 한 낱
말이 여러 낱말의 음절들 속에 숨겨져 있어 음절을 조합함으로

써 찾아지는 일종의 말놀이 방식)에 준하여 시학적인 텍스트의 통일성을 보장한다. 리파테르에게 있어 클리셰는 익숙한 파생 유형들이 중첩된 것이다. 즉 위고("길 옆 들판에 핀 이 꽃은 나에게 몽상의 심연을 열어 주었다")·발자크("겨울에 핀 꽃을 바라보면서 노인이 말했다. 이것이 초자연이라고——심연! 향기에 도취된 윌프리드가 외쳤다") 또는 타르디외("그래 꽃들이여, 바로 너희들 속에 심연이 웅크리고 있구나")와, 이들만큼 다른 19세기와 20세기의 시와 산문의 예들에서 **꽃-심연**이라는 언어를 정당화시키는 '심연 옆에 핀 꽃의 스테레오화된 이미지'가 중첩이 된다. 이들 모든 텍스트는 꽃과 심연이라는 상투적 대립을 상쇄시키고, '경탄이라는 약호'(위고·발자크)나 인접 관계(타르디외)에서 이 두 단어를 동등하게 만든다는 공통점을 갖고 있다. 규범의 변화는 문학적 효과와 은유를 이해하게 하는 비문법성을 만들어 낸다.(리파테르, 1983: 58-60) 이런 관점에서 클리셰는 문학 텍스트의 상호 텍스트적인 시학적 요소이다.

클리셰는 자주 일반 공론과 결합되고 진부한 주제라는 특징적인 의미에서 이해된다.(이 점에 관해서는 I장 참조) '시는 이처럼 전통적으로 일반 공론들을 재사용하는 한에서 이들을 택하고 변조시켰다.[10] 디디에 알렉상드르는 특히 이런 식의 사용이, 새로움을 요구하는 이론적 선언을 접한 상태에서 시가 일반 공론에 의지하는 것이 모순되는 시대인 1830년 이후의 프랑스 시에서 어떻게 계속되는가를 설명한다.[11] 디디에는 위고·보들레르·방빌·말라르메·아폴리네르에게서 나타나는 백조와 클리셰의 경우(백조의 목, 백조의 노래, 백조의 흰빛)를 연구하면서, 각각의 시적인 문체에서 명시된 이런 일반 공론이 시학성과 상호 텍스트성의 지표로 나타남을 보여 준다.

레이몽 루셀의 《아프리카 인상록》에 나타난 클리셰를 연구한 로랑 제니(1972)는 또 다른 이론적 단계를 제시한다. L. 제니 역시 상호 텍스트적인 준거를 특히 중요시하면서, 클리셰를 이야기의 주제와 서술 구조로 확대한다. "우스꽝스럽게 차려입은 흑인 왕"이라는 클리셰-주제는, "문화 현상과 관련되고 문화 현상을 의미하는, 이전부터 많이 사용되어 온 주제 형태"로 읽혀진다.(제니, 1972: 496) 《아프리카 인상록》에 나타난 클리셰의 기능은 그러므로 세 가지로 작용한다. 즉 이 기능은 텍스트의 생성, 이야기의 동기 부여, 이야기의 표현 방법의 탈신화화에 개입한다.

〈클리셰의 문제점〉(1980)에서 안 에르슈베르 피에로도 텍스트 단위와 마찬가지로 문장 단위에 적용될 수 있는 클리셰의 정의를 제시한다. '클리셰의 논리적 구조'는 이처럼 '정의를 내리는 하나 또는 여러 개의 불가피한 술어의 어떤 주제와의 통합'으로, '불변적인 술어의 어떤 주제와의 통합'으로 다시 정의된다. 또한 '경직된 의미 구조'로서의 클리셰와, 책 속에 규정된 모델들의 모방에 사로잡힌 인물들이 나오는 《부바르와 페퀴셰》와 같은 소설의 원동력이 되는 **클리셰를 만드는 과정**(고정된 표본을 재생산하는 시도)과 연결하는 것 또한 중요하게 나타난다.

문체 연구와 시학 연구와의 차이를 넘어, 이 연구들은 텍스트의 문학성을 공통된 목적으로 삼고 있다. 클리셰의 출처가 대중문학 또는 더 발달된 텍스트이든, 클리셰가 최고 수준의 읽기나 패러디한 읽기를 요구하든, 클리셰는 문학 작품의 속성과 다른 텍스트들과의 관계를 드러낸다. 그러나 클리셰는 또한 자주 형태에 관한 목적과 분리될 수 없는, 텍스트와 고정된 표현 방식과의 관계, 그리고 이들 표현 방식의 사회·역사적 효과와의 관계도 나타낸다. 이러한 클리셰와 스테레오형의 차원은 문학 텍스트와 비문학 텍스트에 관련된다. 분석가들은 고정된 문체의 형식들을 찾아내고, 문학 텍스트의 구조에서 이들의 기능을 알아보는 것에는 더 이상 관심을 두지 않는다. 이들 고정된 형식들이 생각지 못한 형태들을 담론 속에 자동적으로 기입시키는 방식과, 이들이 어떤 논증을 제시하거나 어떤 텍스트와 사회 규범의 관계를 드러내는 방식을 이해하는 것이 중요시된다. 그러므로 더 이상 클리셰만의 문제가 아니며, 스테레오형과 사회 통념의 문제가 된다.

2

텍스트, 상상계, 사회

독사, 스테레오형, 이념소

현대적 신화들에 대한 롤랑 바르트의 작업들(《현대의 신화》, 1957)과, 약호와 독사에 대한 그의 사고들은 새로운 범주 안에서 스테레오형을 연구하게 했다. 이 차원에서 문제가 되는 것은, 전적으로 미학적인 차원에서의 클리셰보다 오히려 바로 스테레오형이다. 스테레오형은 이미 말해진 것을 일반적으로 포함하는 총칭적인 형태가 되며, 바르트에게는 단언의 힘을 상징한다. 문제가 되는 것은 극단적인 경우에 단언하는 힘, 자신의 의견을 진실로 제시하는 힘이다: "진실은 확고함에 따른다"라고 포는 말한다.(《유레카》) 그러므로 확고함을 받아들이지 못하는 자는 진실의 윤리를 받아들이지 않는다. 낱말·문장·사상들이 견고해지고 스테레오형(스테레오스는 '견고한'이라는 의미이다)으로 되는 즉시 그는 이것들을 버린다.(바르트, 1975: 63) 발화자는 자신과는 상관없이 언제나 스테레오형과 사회 통념에 속박되어 있는 것으로 나타난다. 스테레오형은 이미 말해진 것의 상징적인 형태, 즉 언어로는 쓰였지만 알 수 없는 어떤 형태처럼 나타난다.

언어를 만들어 내는 기호들은 인식되는 한에서만, 즉 이 기
호들이 반복되어지는 한에서만 존재한다. 기호는 맹종하며 집
단 특유의 부화뇌동하는 성질이 있다. 각 기호 안에는 스테레
오형이라는 괴물이 잠들어 있다. 언어 안에서 **굴러다니는 것을
줍는 것** 이외에 내가 말할 수 있는 것이라곤 아무것도 없다.
(바르트, 1978: 15)

플로베르처럼 바르트는 우리들이 사로잡혀 있는 스테레오
형에 대한 이상한 친숙함을 문제삼고 있다.

그러나 반대에(Sed contra)
아주 자주 그는 자신 안에 있는 스테레오형, 진부한 사고 방
식에서 출발한다. 그가 다른 것을 찾는 것은 이런 것들을 (미학
적인 혹은 개인주의적인 반사 작용으로) 원하지 않기 때문이다.
언제나처럼 즉시 피곤해져 그는 단지 반대 의견, 역설을 선택
하며, 선입견을 기계적으로 부인하는 것(예를 들어 "오직 특수
한 것만 학문이 된다"와 같은)으로 끝난다. 그는 결국 스테레오
형과 대항이란 관계, 친족 관계를 유지한다.(바르트, 1975: 164)

이렇게 고려된 스테레오형은 독사의 성질을 띤다: "**독사**(앞
으로 자주 나오게 될 단어)는 여론, 대다수의 생각, 소시민적인
합의, 본성의 소리, 선입견의 횡포이다."(바르트, 1975: 51) 바

르트는 스테레오형의 문제에서 스테레오형의 발화 행위와 재발화 행위의 문제를 중요하게 여긴다. 즉 현상은 수용자로서의 발화자에게 영향을 끼친다는 것이다. 새로운 주장이 제시되지 않는다면 스테레오형을 내쫓을 수 없다. 그리고 이 새로운 주장은 그 자체 끝없는 움직임 속에서 사회 통념으로 고정될 위험이 있다.

반작용에 의한 형성들: 독사(세간의 통념)가 제시되고 참을 수 없게 된다. 거기에서 벗어나기 위해 나는 하나의 역설을 전제한다. 이 역설도 끈적거리는 때가 묻고 그 자신 새로이 굳어져 새로운 독사가 되며, 나는 새로운 역설을 찾아 더 앞으로 나아가야 한다.(바르트, 1975: 75)

문제가 되는 것은 발화할 수 있고 쓸 수 있는 바로 그 가능성이다.

1971년에 '부르주아적 이데올로기'라는 표현은 상당히 쉬어터진 냄새가 나고, 옛날의 무거운 갑옷처럼 '피곤하게 만들기' 시작했기 때문에 '소위 부르주아적 이데올로기'라고 (조심스럽게) 쓰게 되었다. 이데올로기의 중산층 지표를 한순간이나마 부정하는 것이 아니라(달리 어떻게 될 수 있겠는가?) 몇몇 기호로 스테레오형을 변질시키는 것이 필요한 것이다.(바르트, 1975: 93)

플로베르의 교훈은 사회 통념과 대립하여서는 이길 수 없다고 말하고 있었다. 즉 사람들은 사회 통념에서도, 스테레오형에서도 벗어날 수 없다는 것이다. 플로베르의 모델은 어리석은 일에 매혹되며(바르트는, 독사는, "메두사이다. 자기를 바라보는 사람들을 굳어 버리게 한다"라고 말한다) 스테레오형이 제시하는 문체를 선택하는데, 스테레오형에 대한 생각을 보여 준다. 바르트는 플로베르의 마지막 작품인, 어느것도 바보 같은 말을 벗어나지 못하는 《부바르와 페퀴셰》의 발화의 특수성을 강조한다.

스테레오형에의 도취(이 도취는 또한 '바보 같은 말,' '저속성'에 대한 도취이다)에 관해, 작가의 유일한 힘은 패러디가 아니라 하나의 텍스트를 작업하면서 따옴표 없이 그 안으로 들어가는 것이다. 《부바르와 페퀴셰》에서 플로베르가 한 것이 바로 그런 것이다.(바르트, 1970: 105)

소위 스테레오형과 스테레오형의 발화 행위를 넘어, 바르트의 생각은 담론에 나타난 자명한 이치의 형태들을 다루는 더욱 포괄적인 탐구로 나아간다. 발자크의 《사라진》을 읽으면서, 바르트는 '격언적 약호' 또는 '문화적 약호,' "텍스트가 계속 참조하는 지식 또는 양식에 관한 아주 많은 약호 중의 하나"라는 것과 지시 대상을 동일시한다.(바르트, 1970: 25) 발자크 소설 처음의 서술이 그런 예를 보여 준다: "나는 가장 떠들썩한 파티 와중에, 경박한 사람까지 포함해 모든 사람들을 사로

잡는 그런 유의 깊은 몽상에 잠겨 있었다." '떠들썩한 파티'
라는 고정된 표현은 이처럼 '인간이라는 기원을 가진 집단의,
익명의 목소리를 통해 말해진' 새로운 언표-핵과 연결된다.
이것이 속담풍으로 변형된 것은 '떠들썩한 파티, 깊은 몽상'
이 될 수 있을 것이다. 다른 지표들과 더불어 가족의 풍요로
움을 의미하는, '파티가 있다'라는 지표는 '여기서 우회적으
로 주어진다.'

　바르트의 해석은 사회 통념들을 다시 확언하도록 이끄는 자
명한 이치의 표현 방식을 찾도록 유도한다. 문학 연구는 사회
통념의 플로베르적인 비평의 연장선상에서 독사의 일반화된
이런 비평으로 강하게 표출되었다. 그러나 기존의 말해진 것,
이미 생각되어진 것에 대해 의혹의 관점에서 볼 것 같으면, 사
회 통념·독사·스테레오형은 어휘상의 진정한 구분 없이 서
로 같은 의미로 쓰여진다.

　《사회 통념. 스테레오형의 기호학》에서, 뤼스 아모시는 독사
의 일반화된 이런 강박관념에서 우리 시대의 어떤 분명한 기
호를 본다. 오랫동안 대다수의 전통과는 반대로, 그녀는 스테
레오형의 두 가지 성질뿐만 아니라 스테레오형의 창조적인
기능을 강조한다. 아모시의 관점으로는, 스테레오형은 클리셰
나 일반 공론과는 구분되는 현상으로 연구되어야 한다. 사회
과학과 문학 연구가 만나는 곳에서 스테레오형은 사회적 표
현 방식, 시대에 뒤떨어진 문화 형식과 일치하는 진부한 집단
구조로 정의되어진다. 그 자체로서 스테레오형은 텍스트의 구
성 요소이며, 텍스트는 스테레오형을 좌절시키도록 작업할 수

있으나, 스테레오형 없이는 살 수 없다. 게다가 사회과학이 집단적 표현의 개념을 강조한다면, 문학적인 접근은 사회심리학이 설문지에서 출발해 그렇게 하는 것처럼 스테레오형을 오로지 '개념과 사고 방식의 어휘'로만 보지 않도록 이끈다. 문학적 서술의 분석은 텍스트와 텍스트가 사용한 표현 사이에 성립되는 믿음과의 놀이를 고려한다. 요컨대 R. 아모시는, 스테레오형에 대한 현대적 인식 덕분에 고정된 집단 도식들을 다양하게 탐색하는 전략들이 발전되었다고 설명한다. 이런 여러 가지 전략은 괴기 소설, 할리우드 스타의 자서전, 콜레트에서 엘렌 식수의 여성 해방적 차원의 글들에 이르기까지 다양한 텍스트 형식에서 분석되어진다.

독사의 구성 요소들의 성격을 더 잘 규정하기 위해서는, **이념소**(바흐친의 연구 참조)의 개념을 구축한 마르크 앙주노의 시도와 이런 생각을 결합할 수 있다. 어떤 언표의 논증적인 전개에 깔려 있는 잠재된 규범인 이념소는 스테레오형과 가까운 고정된 형식 안에서도 구체화된다: "그것은 반드시 유일한 관용어구는 아니나 관용어구의 복합적인 변이형이며, 다소간 서로 대체가 가능한 연사들이 모인 소규모의 집단 상태이다."(앙주노, 1989: 894) 그러므로 문학 텍스트만 아니라 아주 광범위하게 확대되는 사회적 담론이 연구 영역이 된다.

사회적 단계에서 말해지고 쓰여진 것 전부: 활자화된 것 전부, 공개적으로 말해진 것 전부, 또는 오늘날 전자 매체에서 표현된 것 전부. **이야기와 논증**이 담론의 중요한 두 가지 형식이

라고 본다면, 이야기되고 논의되는 것 전부.(앙주노, 1989: 13)

광범위한 담론의 영역에서 문학은 아주 상대적인 위치이나, 다른 형태의 담론들과 함께 대조됨으로써 조명된다는 것을 알 수 있다. 이념소는 이런 자료들에서 중요한 가치이다. 분석가는 고정된 언표가 한 문맥에서 다른 문맥으로 갈 때의 변이형과 변화에 관심을 갖는다.

사회적 담론이라는 단계에서, 이념소는 단일한 기호소나 단일한 가치를 갖지 않는다. 이것은 유연성이 있고, **대화적**이고 **다음적**이다. 이것의 의미와 가용성은, 서로 구별되고 대립되는 담론적이며 이념적인 형성을 매개로 한 이동의 결과이다. 이념소는 문맥의 영향하에 있음에도 문맥을 수없이 해체하고 재건하는 데서 형상화된다.(앙주노, 1989: 894)

이처럼 1889년의 사회적 담론의 단계에서, '생존 투쟁'이라는 자주 사용되는 표현은 담론들과의 상호 관계에 있는 문맥들 안에서 일어난 이념소의 변화들로 인해 특히 흥미로운 이념소가 된다. 앙주노는 다윈의 과학적 담론에서부터, 이 담론이 언론과 문학의 담론에서 재해석되기에 이르기까지 이념소의 이동을 연구하고 있다: 이런 상대적 위치에서 표현 양식의 다원적 기원이 이념소의 구성 요소이다. "사회학적 은유에서도 언제나 진정 생물 변이론적 진화론에서 떨어져 나온," 스테레오형 이념소인 '생존 투쟁'은 "도덕적으로 퇴폐적이며,

'저마다 자기 일에나 전념하라'와 '약한 자에게 화 있으라'라는 유일한 공리로 조정되는 현대 사회의 어떤 특징을 드러내준다."(앙주노, 1989: 897-898) '생존 투쟁'은 제2계열의 일련의 작품들을 주도하는 주제로 쓰인다. 이 작품 중 도데의 멜로드라마 《생존 투쟁》은 '일반화된' 다원적 주제에다 반의회주의와 반유대주의의 선전과 도스토예프스키 소설에서 온 '죄의 권리'라는 주제를 합쳐 놓고 있다. 이러한 담론들에 대한 사회 비평적 입장에서, 문학 텍스트 안에서 분석된 이념소는 어느 일정 시기의 담론들간의 상호성과 관련된 요소가 된다. (IV장의 담론 분석도 참조)

클리셰와 스테레오형의 사회 비평적 연구

클로드 뒤셰의 작업들에 의해, 텍스트의 사회성에 대한 이론으로 정립된 **사회 비평**에서 문학의 위치는 훨씬 더 중요하다. "사회 비평은 본질적으로 텍스트를 사회적으로 분석하는 방법들로 제시된다……. 텍스트 바깥의 정치적인 것이 아니라 텍스트 안의 사회적인 것, 또는 사회적 실천으로서의, 정확히 말해 미학적 실천으로서의 텍스트…… 분석을 일컫는다."(뒤셰-투르니에, 1994) 이런 범주 안에서 사회 비평적 연구들은 "작품이 태어나는 곳이 세상이며, 작품은 세상 안에 포함된다는 사실에서 세상과 작품이 조정되어지는 곳에 대한 분석"을 특히 중요하게 여긴다. 이 방법에 영향받은 작업들에서, 클리셰와 스테레오형들은 텍스트가 자신의 외부와 한 사회의 익명적인 풍문과 표현 방식들을 본질적으로 연결하는 것으로 나타난다. 문학 텍스트에서 클리셰와 스테레오형들은 의미의 압축과 생산이 이루어지는 민감한 장소이다. 이런 관점에서 이들 표현들은 사회 통념들이 기재되는 것과 더 이상 분리되지 않는다.

이 연구 방식은 19-20세기의 허구적인 이야기의 권한에 대한 고찰과, 이들 허구적인 이야기와 관련된 사회 문제와 역사에 대한 상상적인 표현의 관계를 고찰하는 것과 밀접하게 연결되어 있다. 실제로 다음과 같은 질문이 던져진다: 무엇이 허구임을 보여 줄 수 있는가? 누가 **개념의 표현**을 피할 수 있는가? 특히 허구적인 이야기가 어떻게 한 시대의 여론의 행방, 사회적 상상력(들)을 나타내는가? 어떻게 이런 표현이 역사의 자취들을 나타내게도 하는가? 이런 장치에서 클리셰와 스테레오형은 개인과 사회의 중재자로서, 문학 텍스트에서 사회성을 여과하는 장치와 자취라는 기본적인 역할을 수행한다는 것을 알 수 있다.

아모시와 로장(1982)에 의해 이미 알려진 시학과 사회 비평의 통합(99-100쪽)은, 텍스트들 고유의 목표와 이들의 역사적인 안착에 의해 정의되는 '담론의 분류'에 따라 클리셰에 체계적으로 접근하면서 이에 대한 연구를 일신시켰다. 이들의 통합은 시학적인 목적(문학 형태와 이들의 변형들에 대한 관심, 텍스트 상호성에 대한 관심)과 사회 비평적인 목적(텍스트 속에 기록되는 사회성과 역사)을 불가분의 관계로 잇는다. 이처럼 '사실주의적 담론'이라는 범주 안에서 발자크의 예를 들자면, 《외제니 그랑데》에서 클리셰는 장소와 인물들의 사실임직한 세계를 세우기 위해 사용된다. 그러나 클리셰는 또한 한 사회의 가치들의 신화적 성격을 제거하기 위해 사용되기도 한다. 그러한 분석은 클리셰가 사실주의 미학에 있어 얼마나 중요한가를 강조한다. 즉 소설가는 사회·문화적 체계에서 독자가 공유하고 있다고 추정되는 클리셰의 일반성과 표현상의 잠재 능력을 사용한다. 이처럼 그랑데 부인에게 적용된 '마르멜로 열매처럼 노란'〔아주 노란 안색〕이라는 표현은 기존의 규범을 지칭함으로써 사실적인 효과를 만들어 낸다. 그러나 이야기가 진행되는 동안 이 비유는 일련의 다른 이미지들에 의해 다시 동기가 부여('아무 맛도 없고 즙도 없는 과일'의 이미지와 황금의 이미지)된다. 이 이미지들을 통해 클리셰는 소설을 이해할 수 있는 중요한 요소인 그랑데 부인의 상실이라는 이미지가 된다.

플로베르의 《감정 교육》(1869)은 클리셰와 스테레오형들을 통해 역사를 표현한다. 프랑수아즈 가야르(1981)는 1848년 6월 봉기 이후 귀족들의 대화에서 사용된 '무쇠 같은 팔'〔엄격한 통치라는 뜻〕이라는 표현의 역할을 설명했다. 《감정 교육》에서 당브뢰즈의 만찬 때 들려 오는, 잔혹한 국민병이자 좋은 가장인 로크 영감의 목소리는 《부바르와 페퀴셰》에 나오는 샤비뇰 시장 푸로의 목소리와 겹쳐진다: "로크 씨는 프랑스를 통치하기 위해 '무쇠 같은 팔'을 원했었지." 파베르주 백작집에서의 식사 때, 푸로도 자신의 의견을 말한다: "나는 설교하려는 것이 아니오! 나는 기자 같은 부류가 아니오! 나는 프랑스가 무쇠 같은 팔로 통치되기를 원한다고 당신들에게 주장하는 바요." 스테레오형으로 고정된 것 이상으로 '무쇠 같은 팔'이 되풀이 상기되는 것은 여론과 관심들의 '입체 음향 효과'(프랑수아즈 가야르)를 강조한다. 1848년 6월 이후 권력을 잡은 보수당을 규합시키는 기호인 이 클리셰는 결국 승리한 권력의 유능함을 모두 수용하고 있다. '구원적인 권력의 상형문자'(가야르)인 이 클리셰는 텍스트에서는 지표이며, 제2제정으로 가는 정치적 흐름을 대표하는 상징이다. 《사회 통념 사전》에서 '팔'이라는 항("프랑스를 통치하려면 무쇠 같은 팔이 필요하다")이 소설의 이야기 상황과 다시 만난 것이다: "말이 자리잡으면 어리석은 말이 된다."(가야르)

1848년 봉기의 첫째 날, '튈르리 궁전 습격' 장면은 클리셰가 다르게 사용된 경우를 보여 준다. 이 경우 서민의 상상력과 서민의 통치에 대한 비평의 자취를 보여 준다.(에르슈베르 피에로, 1981) 초고들을 읽으면, 플로베르가 행진중의 군중을 동물성과 항거의 물결로 묘사하는 은유를 상당히 발달시키고 전개했음을 보여 준다. 그러나 최종 텍스트는 클리셰의 형태 하에서만 그 자취("억제할 수 없는 충동 아래, 길게 포효하는 소리와 함께, 연중 최고로 높은 만조에 의해 밀려 오는 강물처럼 들끓으며 계속 올라오고 있는 이 군중들")를 지니고 있다. 클리셰는 이처럼 분명히 비하적이며, 작가에 의해 일부 삭제된 상상적인 모든 발전을 압축하고 있다. 마찬가지로 왕좌에 앉은 어떤 '노동자'를 보며 외친 위소네의 탄성("저기 왕좌에 않은 서민이 있구먼!")은, 스테레오형의 모순적이며 모호한 언급이 텍스트에 의해 연출되고 자리잡음을 보여 준다. 그 결과 초고문들은 '왕좌'의 의미론적 가치를 다시 살아나게 하고, 이번에는 자신들이 왕이 된 서민들에 대한 생각을 전개시킨다. 즉 군주가 교환된 사실이 언급된 것이다. 발생론적 비평은 플로베르의 문체에서 클리셰의 역할을 더 잘 이해하게 해준다. 해석상의 애매함을 기본으로 하는 문체에서 이 클리셰들은 전략적인 중요한 역할을 한다. 이들 클리셰들은 소설의 골조 속에 혁명을 일으킨 서민들에 대한 표현들을 압축시키고, 구축해 놓고, 출판된 텍스트에서 떠오르게 한다. 이들 클리셰가 인용적이고 상호 텍스트적인 시학(예를 들어 '국가라는 배'와 같은 짐짓 점잔을 뺀 은유처럼)에서 나온 것일지라도, 이들은 또한 이념적인 구성 요소에 속한다. 이들은 기원도 역사도 없지만, 명백한 사실로 나타나는 기정 사실화된 사고 형태들·규범·선입견들을 나타낸다.(에르슈베르 피에로, 1980: IV장, 176-177쪽)

그러나 플로베르의 텍스트는 또한 고정된 표현의 구조라는 의미에서 스테레오형들을 전달한다. 앙리 미테랑은 세네칼이라는 인물을 통해 《감정 교육》에 나타난 사회주의자의 스테레오형을 연구했다.(《소설의 담론》, 1980) 플로베르의 처음의 표현, "인류애를 내세우며 병영의 수준을 요구하는 자들, 그 인류를 사창가에서 즐기게 하는 자들, 또는 판매대 위로 인류를 던지고자 하는 자들, 엄청 많은 사회주의 작가들"이라는 표현은, 그 자체 기정 사실화된 표현으로 가득 차 있으며, 세네칼을 묘사하는 모든 점에서 사회주의자에 대한 스테레오형을 다시 사용하고 있다. 미테랑의 설명처럼 이 모든 전개 과정에서 한 가지 말이 결핍되어 있는데, 그것은 바로 '사회주의'라는 말로, 이 말은 "플로베르가 자신의 이념적 입장에서 사용한 표현들로 대체된다." "은유의 홍수는 명백한 사실이라는 효과를 창출하면서 사회 통념은 숨기게 한다."(H. 미테랑)

이문화적 분석과 원상론

H. -J. 뤼저브링크가 문학에 나타난 타자에 대한 인식에 관심을 갖는 이문화적 문학 비평을 제시한 것은 바로 사회 비평적인 견해에서이다. 문학적인 이국주의에 대한 그의 연구 중 특히 피에르 로티의 《아프리카 원주민 프랑스 기병에 대한 소설》(1881)에 대한 연구에서, 그는 우선 텍스트에 의해 구성된 아프리카인에 대한 스테레오형에서 나오는 내적 의미를 분석한다. 식민지 군인[프랑스 군대의 아프리카 원주민 기병]의 세네갈 애인을 묘사하는 어휘들은 육체적 특징, 감각적인 매력, 동물성, 거짓말과 퇴폐 성향, 미신을 믿는 성향을 그녀에게 부여하며, 이런 특징들은 한 민족형과 결부된다. 이런 양면적인 인종적 이미지는 토착민과 프랑스인들의 혼혈에 반대하는 제3공화정(1871-1914)이 프랑스 식민지에 대해 갖고 있는 이념 속에 깊이 뿌리박고 있다. 아프리카인을 다루고 있는 그 시대의 다른 담론들과 함께 민족의 순수성이라는 상상계와

가까운 로티의 텍스트를 보면, 이런 관점이 다른 입장의 식민지 담론들과 대립한다는 것을 드러내게 한다. 이 관점은 특히 흑인들에게서 발전 가능한 덩치만 큰 어린이의 모습을 보는 작가 조르주 아르디에 의해 대표되는 온정적 간섭주의 경향과 구별된다. 이런 덩치 큰 어린이의 이미지는 1917년부터 카카오 음료 바나니아 상표의 그 유명한 광고가 잘 드러내는 이미지이다. 스테레오형은 자신과 인접 관계나 대립 관계에 있는 그 시대의 다른 담론들에 대해 자신의 위치를 정할 때 의미를 갖는다. 스테레오형은 또한 자신 고유의 역사적 맥락 속에 위치되어야 한다. 즉 야자수 나라와 열대림에 사는 아프리카인과 같은 인물은 베르나르댕 드 생 피에르(《폴과 비르지니》, 1788)에서는, 흑인들의 노예 상태에 대한 비판과 평등주의 사회라는 유토피아에 관련되어 있다.

타자의 문학적 표현에 대한 전반적인 연구 범주에서 스테레오형에 대한 이와 같은 분석이 **원상론**(原象論)이라는 비교문학의 중요한 갈래의 관심 대상이 된다. 이국주의에 대한 이전의 분석이 그 예가 되는, 이문화적 관점 위에 세워진 원상론은 "한 사회가 타자를 꿈꾸면서 자신을 보고 자신을 생각하는 방식들"에 대해 질문을 던진다.(파조, 1994: 60) 이민족간의 관계와 이문화간의 관계들은 이들의 실질적인 현실 수준보다 이 관계들이 생각되어지고, 인식되어지고, 환상을 품게 되는 방식에서 파악되어진다. 집단들간의 관계들에 대한 이런 연구는 사회과학들의 조사 방식들을 상기시키고, 민족심리학자들에 의해 실행되는 원상론을 떠올리게 한다.(II장, 78쪽 참조)

그렇지만 이 연구는 시대의 상상계가 문학적인 장치를 통해 표현되는 허구적인 텍스트를 더 중요시한다는 점에서 이들과 다르다. 이런 사회적인 상상계는 사회 비평도 또한 탐구하지만, 여기서는 비교주의적인 접근 방식에 따른다. 이 비교주의적인 방식은 '보는 주체인' 문화와 '보여진 대상인' 문화간의 표현을 대질시킨다. 예를 들어 19세기 프랑스 문학에 나타난 스페인에 대한 스테레오형 이미지(메리메, 《카르멘》)와, 때때로 똑같은 어휘들을 사용하지만 똑같은 의미를 부여하지는 않는 스페인어 텍스트가 이들에 대해 제공하는 이미지는 다르다.

파조는 엄밀하게 말해 문화적 사실의 표현으로 정의되는 이미지와, 단순화되고 단의적(이미지가 단 하나의 메시지를 전달함)·본질주의적(속사들은 집단의 본질을 반영함)·차별적(이미지는 편견과, 차이의 거부와 연관됨)인 이미지로서 경멸의 기호로 간주되는 스테레오형을 구분한다. 사회과학의 흐름에서 분명히 영향받은 이런 관점(II장 참조)은 정체성/이타성 관계에 대한 긍정적인 관점을 위해 타자를 향한 폐쇄적 태도가 폭로되도록 이끈다. 그렇지만 텍스트에서 타자의 이미지를 끌어내기 위해 만들어진 방식이 반복의 자취들, 출현 빈도수 계산, 형용사화, 그리고 수사 과정에 주의를 기울이는 핵심어의 분석으로 제시된다는 것은 무엇인가 시사하는 바가 있다. 파조 자신도 "여기서 문제가 되는 단어는 자신의 성질과 기능면에서 볼 때, 스테레오형과 크게 다르지 않다"(1994: 66)라고 인정하듯이 이것은 스테레오형 연구와 분명히 관련된다. 이제부터 스테레오형과 문화적 표현인 이미지를 구별케 하는 것이 무엇인지 생각할 수 있다. 어떤 범위 내에서 이런 구별이 실효성 있는가?

어떻든간에 원상론은 사회 비평적 분석처럼 문학 텍스트에서 이미지와 스테레오형을 끌어내는 것으로 그치지 않는 역동적인 접근 방식을 제시한다. 파조에게 있어서 그것은 총목록 차원에서 '텍스트 생산의 검토'로 가는 것이며, "자아가 타자와 갖는 관계들이 발화 차원에서 어떻게 인식되고 변화되는지를 보는 것"이다.(1994: 67) 스테레오형이나 클리셰가 문학 텍스트에 의미와 영향을 부여하는 것은, 문학 텍스트 안에서 이들 표현들이 작업되어질 때 문학 텍스트가 다시 이들을 취하고 변화시키면서이다. '마르멜로 열매처럼 노란'이나 '무쇠 같은 팔' 같은 고정된 문식, 사회주의자, 아프리카인 또는 스페인에 대한 스테레오형은 개별적인 소설 담론들에 기입되며, 이들의 의미는 문맥 안에서만 분석될 수 있다. 이런 스테레오형들이 고의적으로 해체되지 않는다면 서술적 장치, 자신만의 규제들, 자신 고유의 미학을 내포하는 담론이 이들을 책임진다. 스테레오형들은 문학 텍스트에 통합되며, 문학 텍스트는 상상계와의 밀접한 관계 속에서 이들에게 활력을 불어넣고, 다시 의미를 부여한다.

독사의 문제점에서부터 클리셰와 스테레오형들에 대한 사회 비평적 설명에 이르기까지, 공통점은 언어와 텍스트의 역사성과 사회성에 대한 인식이다. 사회 비평적이며 원상론적인 접근은 표현의 분석, 텍스트에서 이루어진 사회·문화적이며 정치학적인 지식의 분석으로 이끌고, 이미 설정되어 있는 지식과 생각되어지지 못한 방식들의 탐구로 이끈다. 그러나 시학과 기호학처럼 이러한 접근은 독자가 다르게 해석할 수 있는 길을 찾을 수 있는, 텍스트에 내재한 의미의 생산성을 목표로 한다.

요컨대 독서의 구축이라는 의미에서의 스테레오형의 정의는 텍스트에게 필수 불가결한 바깥을 향해 열린다는 것을 의미한다. 독자는 바로 여기에서 현장으로 들어가면서 비평적 표현의 수취인이 된다.

3

스테레오형과 독서

독서 구성으로서의 스테레오형

클리셰는 그 자체로 존재하지 않는다. 독자는 이미 말해진 것과 클리셰를 연관시키면서 클리셰를 알아보아야 한다. '매우 아름다운(belle comme le jour)'〔원의미는 '햇빛처럼 아름다운'〕이나 '아주 어리석은(bête comme ses pieds)'〔원의미는 '발처럼 어리석은'〕 같은 표현은, 수용자가 이 표현들이 어휘화되고 진부한 형태라고 볼 때에만 클리셰로 나타난다. 문체의 효과면에서 진부함이 있는가, 또는 단순히 유사한 형태를 사용한 것인가를 판단하는 것은 바로 수용자의 몫이다. 다른 말로 설명하자면, 클리셰의 존재는 클리셰를 읽어내기에 달려 있다. 바로 거기에서 리파테르는 클리셰를 정의할 때, 게다가 '원(原)독자(architecteur)'〔독서 전에 이미 형성되어 있는 독자의 표준적 해독 능력, 즉 개인적 문화·이데올로기·언어 능력과 같은 상호 텍스트적 장에 속한 독자를 일컬음〕, 또는 엄청난 양의 독서를 대표하는 객관적인 심급이라는 논쟁의 대상이 되는 형태 아래에서 독서의 형태를 끌어들일 필요를 느낀 것이다.(Ⅲ장 1 참조) 그때부터 텍스트는 닫혀진 채 분석될 수 없다. 텍스트는 독서의 반응, 텍스트가 진부한 자취들을 흡수하든가 거부하는 양상들에 따른다. 클리셰에 대한 성찰은 아주 자연스럽게 텍스트와 독자간의 상호 작용, 즉 수용에 대한 분석과 이어진다.

사회 통념에서 뤼스 아모시는, 독자의 개입은 스테레오형에 이르기 위해 클리셰의 주요 기능인 문자 차원의 반복을 벗어날 때 더욱 결정적이라는 점을 강조한다. 실제 클리셰는 즉각 알아볼 수 있는 기존 표현의 형태로 담론의 표면에 드러난다. 예를 들어 '천사 같은 온화함,' '우윳빛 얼굴,' '밀밭 같은(눈부신) 금발'이 있다. 스테레오형은 반대로 언제나 텍스트의 표면에서 파악되는 것은 아니다. 온화한, 연약한, 순수한 여인이라는 친숙한 이미지가 반드시 고정된 형식에서 나오지 않을 뿐만 아니라, 이런 이미지는 다양한 변이형들을 정당화한다. 19세기의 대중 소설에서, 예를 들자면 아가씨의 순수함은 맑고 푸른 눈과 하얀 피부 같은 육체적 특징에서 보여진다. 상호 대체가 가능한 이런 언어계열 집합의 내부에서, 인물 묘사들은 다양해진 어휘들과 표현법을 사용할 수 있다. 그래서 텍스트들은 글자 그대로 되풀이하지 않더라도 여성에 대해 같은 스테레오형 관점을 드러낼 수 있다.

그때부터 독자의 활동은 확대되면서 나아간다. 으레 간접적이며, 분산되어 있거나 누락되어 있는 자료들에서 출발해 추상적인 구조를 이끌어 내야 하는 책임이 그에게 주어진다. 실제 소설의 인물 특징이 드러나는 것은 형식에 맞는 인물 묘사에 의해서라기보다 오히려 많은 경우 인물의 행동에 의해서이다. 수용자는 흩어져 있는 인용들을 모아야 하며, 구체적인 상황에서 출발해 성격들의 특징들을 추론해야 하며, 기존의 모델에 비추어 전체를 재구성해야 한다. 바로 이런 식으로 《삼총사》의 원색적인 장면에서 가스콩 같은 이, 또는 《새벽의 약속》(로맹 가리)의 희극적인 일화에서 감정에 북받친 어머니를 다시 발견하게 된다. 때때로 독자는 예기치 못한 어떤 요소를 전통적으로 결정된 범주에 속한 속사로 보면서 해석한다. 이와 같이 《사촌 퐁스》에서, 유대인 노인 마귀스는 목록에 들어 있지는 않지만 좋은 추억을 남긴 유대인의 코와 쉽게 동화되는 코 모양인 '오벨리스크형 코'를 자랑한다.(아모시, 1991 : 23)

간단히 말해, 독자는 어떤 주제(아가씨·유대인·가스콩) 주위로 자신에게 전통적으로 부여되어 있는 모든 술어들을 모으면서 스테레오형을 활성화시킨다. 그 과정은 다음과 같다.

——선택 : 독자는 적절하다고 생각되는 어휘들을 선택한다.

——전정 : 구조 안에 들어가지 않는 것을 나머지 등급이나 사소한 등급으로 보낸다.

——조합 : 작품의 공간에 흩어진 담론들의 일부분을 결합시킨다.

——해독 : 백합의 색깔이나 오벨리스크형 코와 같은 간접적인 기호 체계들을 자신의 의미에서 해석한다.

스테레오형은 그러므로 하나의 집단, 하나의 사물에 속해 있는 속사들을 다시 발견하고 구성하는 진정한 해석 작업에서부터 자리잡는다. 다른 말로 표현하자면, 스테레오형은 그 자체로 존재하는 것이 아니다. 스테레오형은 만질 수 있는 사물도 구체적인 실체도 아니다. 스테레오형은 일종의 **독서의 구축**이다.(아모시, 1991: 21-22)

물론 독자가 스테레오화된 구조를 끌어내는 것은 바로 집단에 속해 있는 기존 모형들에 적용시키면서이다. 독자가 문학적 표현을 이해할 수 있으려면, 이 표현은 지금까지 익숙한 문화적 이미지를 참조해야 한다. 1870년의 참패 이후 나타난 애국적인 문학에서, 독일은 다양한 만큼이나 수많은 이야기와 묘사를 통해 그려진다. 대중은 이런 변형들이 다르다고 해서 난폭하고 탐식가이며 주정뱅이 군인의 표현, 파괴를 즐기는 거인의 모습을 알아채지 못하지는 않는다. 대중은 프랑스와 독일간의 전쟁이 끝나자 프랑스에서 강한 인상을 주었던 이미지를 알아낸다. 물론 발자크의 《사촌 퐁스》에 나오는 음악가의 예가 보여 주는 착한 몽상가, 예술가, 순진한 이, 유머 감각이 없는 독일인의 이미지에 익숙한 19세기 전반의 대중이라면, 난폭하고 야만적인 군인의 초상화에서 독일인에 대한 집단적 표현을 찾지 못할 수도 있을 것이다. 그러므로 스테레오형을 활성화시키는 것은 추상적인 구조를 만들어 내는 독자의 능력과 동시에 독자의 백과 사전적인 지식, 독자의 **독사**, 독자가 몸담고 있는 문화에 달려 있다.

독서 과정에서의 스테레오형

그러므로 스테레오형들이 의미를 띠게 되는 일에서 독자가 중요한 역할을 함을 알 수 있다. 독서라는 행위 없이는 스테레오형도 없다는 의미이다. 당연한 결과로서, 독서 이론은 문학 텍스트를 읽기 위해서 고정된 도식들이 중요함을 강조한다. 즉 스테레오형 없이는 읽기 행위가 가능하지 않다는 것이다. 텍스트 자체로는 존재하지 않으며, 수용자의 개입만이 작품의 의미를 만들고 작품을 미학적 대상으로 세울 수 있다고 생각하는 모든 사람들에게 있어 이 문제는 중요하다. 이런 관점에서 모든 수용이론가들은 텍스트/독자간의 상호 작용을 조정하는 규칙들을 찾아내려고 애쓴다. 이들 이론가들이 넓은 의미에서 스테레오화 과정을 여러 단계에서 보려는 것은 바로 이런 관점에서이다. 이 단계들이 말의 차원(문장·어휘·문체)이든 주제적-서술적 차원(주제와 상징, 서술적 기능과 시퀀스, 담론의 구조)이든, 스테레오형들은 해독의 토대를 제공한다. 수용자가 의미의 구축이라는 행위에 참여할 수 있는 것은, 이들을 알아보고 이들을 활성화시키면서 바로 이들에서부터 가능하다.

예로서 움베르토 에코의 《허구 속에서의 독자》를 언급하자. 이 책에서 작가는 수용을 텍스트와 독자간에 이루어지는 해석상의 협동이라는 말로 분석한다. 이 경우 독일 이론가 볼프강 이저의 주장을 따르면서, 에코는 문학 작품은 말해진 만큼

이나 말해지지 않은 것으로 독서 행위를 자극한다고 생각한다. 텍스트는 여백·공간·단절·암시층을 포함하고 있고, 이것들을 활성화시키는 것은 독자의 소관이다. 에코의 독자는 경험적인 독자를 뜻하는 것이 아니라 어떤 독자 모델, 즉 텍스트가 예상하는 독자, "작가가 그렇게 생각했던…… 방식으로 텍스트의 활성화에 협동할 수 있는 독자"(에코, 1985: 68)를 뜻한다. 독자가 작품을 합당하게 해석할 수 있으려면, 어떤 기본적인 사전(사용된 언어의 총체)을 완전히 숙달하는 것이 필요할 뿐만 아니라, 이미 만들어진 시나리오들을 포함하고 있는 백과 사전적인 능력이 필요하다. 스테레오화 과정이 개입되는 것은 바로 이런 순간에서이다.

사실상 이야기는 기존의 시나리오가 개입되어야만 해석될 수 있다. 이들 시나리오들은 공통적이며 동시에 상호 텍스트적이다. 공통된 시나리오의 경우, 에코는 틀 또는 "어떤 유형의 살롱에 있거나 어린이들을 위한 생일 파티에 가는 것과 같은 스테레오화된 상황을 표현하는 데 쓰이는 자료 구조"라는 개념을 취한다. 각각의 틀은 어느 정도의 예측을 가능케 하는, 어느 정도의 정보들을 포함한다.(1985: 103) 이것은 같은 문화 공동체의 모든 사람들에게 공통된 어떤 지식에 관한 것이다. 두번째, 상호 텍스트적인 시나리오의 경우에서 이 기호학자는 문학에서 빌려 온 시나리오들을 상기시킨다. 여기에 대한 지식은 같은 공동체의 모든 독자들이 반드시 공유하는 것은 아니다. 이것들은 총칭적 형태(동화·희극·탐정 소설……), 주제가 있는 시나리오(학대받은 아가씨: 여기에는 행동 주체·

시퀀스·배경들은 결정되어 있으나, 사건들의 진행은 결정되어 있지 않다), 그리고 상황을 중시하는 시나리오(악당과 보안관의 결투)가 모두 포함되는 상호 텍스트적인 시나리오들이다.

이와 같이 "샤를은 1주일에 두 번 아내와 사랑을 나눈다. 피에르도 그렇다"와, "샤를은 매일 저녁 개를 산책시킨다. 피에르도 그렇다"의 차이를 이해하려면 언어적인 능력만으로 충분하지 않으며, 기존의 도식들을 끌어 오는 것이 필요하다. 두 번째 예의 명백함과는 뚜렷이 구분되는 첫번째 예의 애매함은, 가축과 사람 사이에 관한 한 존재하지 않는 간통의 삼각 관계와 관련된다는 점에서 이미 설정된 시나리오가 있다는 점이다. 독자는 그러므로 삼각 관계의 모델을 첫번째 시퀀스에만 적용한다. 두 남자가 같은 개를 산책시키기를 원할 수 있다는 생각은 독자에게 떠오르지 않는다.

독서 이론이 스테레오화 과정의 힘을 빌릴 때 따르는 이들 다양한 변형들은 장 루이 뒤페의 《스테레오형과 독서》(1994)에서 연구되어진다. 뒤페에게 있어서 모든 관용적 도식의 차원으로 확대된 스테레오화 과정은 바로 독서의 토대가 된다. 그에게 있어 "읽기를 배운다는 것은, 우선 스테레오화 과정을 완전히 숙달할 줄 아는 것이다." 즉 고정된 무리들, 일정한 공동체에 의해 공유된 도식들을 찾아내는 것이다.

이와 같이 보들레르의 〈알바트로스〉에서 독자는 시를 해독하기 위해, 우선 '창공의 왕들'이나 '쓰라린 심연들'이라는 표현들을 문체의 차원에서 인식해야 한다. 독자는 그 다음 고귀한 영웅과 악의적인 한 집단과의 대립, 또는 천재적이나 인정받지 못한 저주받은 시인의 낭만적인 **담론**과 같은 익숙한 구조를 의미의 차원에서 활성화시켜야 한다. 뒤페는 이러한 스테레오형 체계들이 항구적으로 나타나는 것은 오늘날 시를 읽을 수 있도록 보장해 준다고 주장한다. 그는 그 시대에 민감하게 반응한 다른 스테레오형들은 오늘날 사라졌다는 것을 주지시킨다. 이처럼 예를 들자면 인간애와 위엄으로 유명한 〈알바트로스〉의 주제는 그 당시에는 관용적 주제가 될 만한 상황이었지만, 지금 우리들의 문화적 기억에는 더 이상 속하지 않는다. 요컨대 뒤페는 오늘날의 독자는 현대 집단의 상상계 안에서 지각 정신에 강하게 호소하는 표현들을 활성화할 수 있다. 이러한 표현들 가운데 오염의 희생인 새-순교자의 표현이 상당히 형성될 수 있을 것이다.(1994: 35) 문체가 된 클리셰와 주제들을 포착하는 것으로 충분하지 않다. 즉 독자는 필연코 다음과 같은 어떤 각본을 인식하기에 이른다는 의미이다: "여기에 도식에 따라 구조화된 집단적인 조롱의 장면이 있다: 처음의 적——어떤 기분 전환거리를 찾아서——희생물 선택——희생물을 확실히 하기——희생물의 우스꽝스러운 모습을 조롱하며 폭로하기——더욱 과격하게 조롱하기." 도덕에 대한 이야기로 끝나는 교훈적인 우화의 구조와 같은 특유한 구조도 개입된다.(1994: 155)

여기에서 스테레오화 과정은 어휘의 가장 일반적인 의미에서 이해되고, 마크로 구조로 확장된다. 지금까지 익숙한 요소들에서부터 텍스트가 어떻게 이해되고 설명되고 길들여지나를 설명하는 것이 목적이기 때문이다. 이 단계에서 클리셰와 스테레오형의 특수한 개념들은 자율성을 잃어버리고, 모든 단계들이 텍스트와 독자간의 상호 작용을 돕는 일반화된 스테레오화 과정으로 통합(리파테르의 기호학에서처럼, 또는 이야기의 시학에서처럼)된다. 이 과정은 클리셰와 스테레오형들의 개념들이 가진 특수성이 고정된 형태, 친숙한 시나리오, 또는 그저 단순한 문학적 형태라는 아주 일반적인 개념과 용해될 수 있는 과정이다.

그렇지만 독서이론가들에게 있어 해독이란, 텍스트에서 스테레오화 과정을 재발견하는 것이 아닐 뿐더러 텍스트를 이미 알려진 구조들로 축약하는 것은 더욱 아니다. 사실상 어떤 작품의 미학적 가치를 그 당시 대중들의 기존 습관과 개념들을 바꾸고 변형시키고, 어쩌면 뒤집어엎을 수 있는 힘으로 보는 이들이 많다. 예를 들어 야우스의 수용미학이 제시하는 것은 '기대 지평선'과 '지평선 바꾸기'라는 개념에서 나온 것이다. '요리' 법은 "익숙한 형태 아래 생산된 미를 보려는 욕망을 만족시키고, 자신의 습관에 맞는 감성들을 확고히 하는" 것일 터이다.(야우스, 1978: 53) 위대한 작품들은 반대로 최초의 대중의 기대를 '넘어서고' '실망시키고' 또는 '부인하는' 것이 될 것이다. 발자크의 잘 알려진 《사라진》을 예로 들어 보자. 이 작품에서 이탈리아에 사는 조각가라는 중심 인물은 오페라의 유명 여가수를 미친 듯이 사랑하게 된다.

오! 당신을 얼마나 사랑하는지! 그가 말했다. 당신의 모든 결점들, 당신의 공포들, 당신의 흠, 이 모든 것이 어떤 은총인지는 모르지만 당신의 영혼을 더 빛나게 합니다. 나는 사포처럼 강한 여인, 용감하고 힘과 열정으로 가득 찬 여인을 싫어할 거라고 느낍니다. 오, 연약하고 부드러운 이여! 당신은 어떻게 다를 수가 있겠습니까? 천사 같은 이 목소리, 이 우아한 목소리는 당신과 다른 몸에서 나왔더라면 그 반대가 되었을 것입니다.

독서는 아주 훌륭한 여성, 우아함과 부드러움, 연약함, 쉽게 두려움에 떠는 감수성이 예민한 성질로 특징지어진 천사 같은 존재의 이미지를 재구축하도록 이끌려진다. 이 이미지와는 반대로 힘·정열·용기·열정이 특징인 남성적인 여성, 사포로 표현되는 이미지가 나타난다. 예술가의 눈에는, 19세기의 독사와 일치하는 연약한 여성은 그의 이상을 현실화하며 자신의 욕망을 일깨우는 여성이다. 그런데 발자크의 이야기는 독자로 하여금 이 스테레오형을 문제삼기 위해서만 활성화시키도록 이끈다. 실제 장비넬라는 여성이 아니라 거세된 남자이다. 바로 그 순간부터 문제가 되는 것이 바로 여성성에 대한 익숙한 개념 전부이다. 야우스의 기대 지평선 바꾸기라는 것이 일어나는 것이다.

스테레오형의 활성화가 수용자의 문화적 경험에 따라 변한다는 것 또한 잘 주지해야 한다. 텍스트가 자명한 사실들을 고발하고 가치들을 문제삼을 수 있다면, 독자의 활동을 이끌어 가는 스테레오화 과정에 따라 텍스트는 다양하고 극단적인 경우에는 모순적인 해석의 대상이 될 수 있다. 대중들의 모든 분야에 걸친 능력은 실상 계급·나이·문화·시대 등등과 같은 패러다임에 따라 다르다. 에코는 경험적인 독자의 문화적이고 텍스트 상호적인 능력은 텍스트가 독자 모델을 세우면서 설정했던 능력과 반드시 일치하는 것은 아니라는 것을 강조한다. 이처럼 20세기말의 독자는 19세기 전반의 독자층과는 반대로 여성-천사에서 시대에 뒤떨어진 낭만적 표현을 볼 수 있으며, 그 즉시 비평적 거리를 둘 수 있다. 여성 해방론에 익숙한 이들은 앞으로 더 나아가 《사라진》에서, 미국 여성해방 문학의 한 고전적 작품(저메인 그리어)도 같은 식으로 다루고 있는 '여성-거세된 남성'을 다시 보게 될 것이다. 거세가 한 남자의 눈에 이상적인 여성을 환상적으로 형성할 수 있다는 것은, 여성성과 성의 차이들에 대한 잘못된 개념들을 밝혀 줄 것이다.

이차문학의 문제

고정된 구조들과 관용적 표현들을 쓰는 텍스트와는 반대로, 대중문학 또는 '이차문학'은 스테레오화된 형태들에 몰두한다. 이들 문학은 그런 식으로, 바로 쉽게 이해할 수 있는 표현 형태들과 미학적 효과들을 찾는 대중의 욕구에 부응한다. 평균 독자는 스테레오형 인물들, 자신에게 친숙한 영역에 있게 되는 일반 공론들을 좋아한다. 인정된 규범들과 때로는 단절하면서 혁신을 시도하는 아방가르드의 텍스트들과는 반대로 대량 생산되는 문학은 독자들에게 가장 많이 알려진 형태들, 즉 쉽게 인지할 수 있고 동화될 수 있는 형태들을 제공하면서 독자들을 유인한다. 이런 관점에서 효력을 잃고 일반 공론으로 밀려난 문학적 주제들과 표현들, 합법적인 문화에서 빌려온 '가치가 떨어진 클리셰'(라파르주, 1983: 55)들이 특히 택해진다. 문학·사회학 연구자들은 피에르 부르디외가 '대량 생산의 장'이라고 부른 대중을 겨냥한 문학은, 평균 소비자들이 쉽게 이해할 수 없는 기호를 사용하면서 일어날 수 있는 소통의 단절을 피해야 한다고 주장한다. 이런 사실에서 대중을 겨냥한 문학은 학술적인 문학에서 빌려 와야만, 그리고 인정된 문학의 현재 알려진 주제들을 차용해야만 자신을 갱신할 수 있다.

　진부한 형태들에 대해 비평적인 거리를 두지 못하는 행동은 '이차문학' 또는 대중문학의 개념을 잘 파악하는 수준 높은 대중이나 전문가들에게서 신용을 잃는다. 비평적인 거리를 두지 않고 스테레오화된 표본을 재생하는 데 그치는 작품들은 비난받는다. 단지 미학적인 측면만이 아니라 거의 언제나 이념적인 측면에서 비난받는다. 사실상 빠른 소비에 고무되고, 수동적으로 흡수되는 수용자는 명백한 사실로 보이지만 오류인 독사의 함정에 갇힌 것으로 간주된다. 이런 관점에서 대중을 겨냥한 작품들의 분석이 자주 탈신화화의 시도로 간주된다는 것은 놀라운 일이 아니다. 대중이 열광하는 텍스트들에 전념하는 이들 분석들은 읽기를 통해 강화되는 불순한 가치들을 폭로한다.

안 마리 다르디냐가 《우리 둘의 친밀한 관계》와 《속내 이야기》라는 이야기들을 연구한 것은 바로 이런 탈신화화의 맥에서이다. "상대적으로 빈약한 어휘와 큰 변화가 없는 상황들, 즉 스테레오형들"(1984: 284)을 포함하는 도식적인 이들 이야기에서, 구속 또는 안락함에서 해방되고자 하는 한 아가씨가 일련의 시련을 통해 질서, 즉 사랑과 순종으로 돌아온다. 여주인공은 한 남자의 현명한 권위에 순종하게 되면서 행복을 찾게 해주는 여성적인 능력, 즉 절제・신중・겸손・인내・금욕을 증명하는 시험을 거쳐야 한다. 연예 잡지・신문의 분석가들이 강도 높게 폭로하는 것은, 바로 이런 유형의 픽션들의 전적인 창의성 결핍뿐만 아니라 이들의 보수적인 메시지이다.

그렇지만 스테레오형과 부합되는 욕구들을 검토하면서, 일괄적으로 비난하는 것을 거부하며 대중적인 독서가 얻는 즐거움을 강조하는 두번째 길이 있다는 것을 주지하자. 이와 같이 《연애 소설과 여성 독자》(1997)에서 아니크 우엘은 '아를르캥 시리즈' 들에서 나타나는 개인의 인간성을 박탈시키는 스테레오형들의 기능을 폭로하는 데 그치지 않고, 이들 스테레오형들이 숨기고 있는 것을 살펴야 한다고 생각한다. 스테레오형들은 이 경우 우리 사회에 의해 억압된 여성적 요구의 자취들을 숨기는 데 사용되어 왔다. 언제나 근육질로 남성답고, 갈색머리, 고양이 같은 초록색 눈을 가진 애인이라는 전형적인 인물이 이런 사실을 증명한다. 그런데 우엘에 의하면 이런 클리셰는 특히 남자 주인공이 사실상 덜 남성적인 면, 즉 모성적인 면을 가지고 있다는 사실을 은폐하는 데 쓰인다는 것이다.(1997: 126) 실제 남자 주인공은 항상 어린 소녀 티를 벗어나지 못하는 여주인공에게 모성적이고 동시에 전능한 어머니로 나타난다. 이 소설들에서는 어머니는 거의 나타나지 않는다. 여주인공은 어머니 상보다 어린이의 신분을 더 좋아하는 것으로 보인다. '아를르캥 시리즈'의 애인은 이처럼 어머니-딸의 이상적인 관계에서 근원적인 가치를 되찾을 수 있는 맹목적인 사랑에 대한 꿈으로 가득 차 있는 것 같다.

감상적인 소설의 이러한 대조적인 접근에서, 남성 독자(또는 여성 독자)는 거리둠의 가능성은 전혀 가지지 못하고 고정된 집단적 도식들에 동조하는 결과가 나오는 것 같다. 이차 문학이 클리셰와 스테레오형에 대한 모든 비평을 배제한다는 것을 의미하는가? 자신의 거리를 냉철하게 유지하는 독자는 텍스트에 의해 예정된 행로를 완료하지 않는다고 생각할 수 있다. 독자의 해독 능력은 자신이 동조하게끔 되어 있었던 관례적인 모든 이미지들을 파괴하고, 그러므로 폭로하기에 이르게 한다. 그렇지만 '제임스 본드 시리즈'에 대한 움베르토 에코의 유명한 분석 같은 연구들은 드러내 놓고 스테레오형을 취한 작품들이 다양한 유형의 독자들을 유혹할 수 있고 다각적인 읽기로 이끌 수 있다는 것을 보여 준다. 에코에 의하면, 오로지 잘 작동되는 기계를 만들고자 한 플레밍은 그 자체 여론을 토대로 한 클리셰 안에서 구체적으로 나타나는 기본적인 대립들을 물색한다. "국제간의 긴장 시대에 악독한 공산당원이 한 명일지라도 그는 클리셰가 되고, 차후 역사상에서는 유죄로 확정되지만, 범죄자 나치는 처벌받지 않는다."(에코,

1966: 92) 플레밍은 이들을 별 차이 없이 차례로 사용한다. '정밀한' 독자는 그때부터 미학적인 즐거움이 없는 것은 아니지만, 구체적인 이미지로 표현된 기본 도식들을 다시 발견하게 된다. 이렇게 하면서 독자는 플레밍을 '자신과 같은 사람,' 즉 가장 능란하고 가장 편견이 없는 사람으로 인식한다. (1966: 93) 같은 개념 체계에서 연재 만화의 스테레오형들은 스테레오형에 기꺼이 의존하는 사람들에 의해 취해진 것처럼, 이 스테레오형들을 잘 알아보는 사람들에 의해 취해질 수 있다. 베카신·탱탱 또는 하독 선장의 도식화 경향은, 인지되었을 때 "다양한 스테레오형들이 소속된 기호 체계의 이해"[12]를 요구하면서 지성을 만족시킨다.

정밀하지 못한 독자는 알아보지 못하도록 되어 있다는 뜻인가? 그런 독자도 텍스트의 스테레오화 성향을 그 정도로 비판하지는 못할지라도 알아볼 수 있다. 스테레오화 과정의 예측 가능성과 이 스테레오화 과정이 만들어 내는 변이형의 무한한 놀이는 독자에게 즐거움이라는 선물을 준다. 바로 그것이 탐정 소설의 원칙이다. 자크 뒤부아는 탐정 소설에 대해, "광범위한 합의 위에서 전적으로 형성되는 탐정 소설은 진부한 형태에 내재한 스테레오화 과정을 교묘한 코드화에 종속시키면서 최대한으로 전한다고 말할 수도 있다"[13]라고 상기시킨다. 줄거리의 돌발적인 급변과 인물 체계에 전념하는 탐정 소설의 수사학적 변이형은 창의성의 원동력이 된다. 교육적 차원이야 어떻든, 반복의 부분을 새로운 부분으로 보고 있는 독자는 이런 변화에 민감하다. 괴기문학의 경우도 마찬가지이다. 여기서 스테레오형들은 유령·흡혈귀·정신병자를 포함한 두려움을 주는 레퍼토리에 속한다. 대중은 이들을 놀이처럼 받아들이고, 자유롭게 이 놀이에 참여한다.(아모시, 1991: 121-142) 게다가 이 장르의 클리셰("무서워서 그의 머리카락이 곤두섰다")는 익숙하기 때문에 두려움을 준다. 샤를 그리벨은 "내가 속한 집단이 무서워하는 것에 대해서만 나는 무서워한다"라고 설명하며, "우화는 사회적 지식이라는 기반 위에서 불안을 주는 대상들을…… 형성한다"[14]라고 덧붙인다. 실제 스테레오형들은 긴장과 즐거움의 근원이다. 사람들은 시체가 일어나 앉는 순간을 기다리며, 밤이 되어 유령으로 붐비게 될 순간을 기대한다. 반복은 어떤 약속의 실현으로 나타나며, 동시에 기호는 무한한 변이형이 가능하다.

다른 관점에서 이차문학의 어떤 유형은 고의적으로 대중으로 하여금 스테레오형과 클리셰를 알아보도록 유발한다. 아르젠 뤼팽·룰르타비유 또는 셜록 홈즈와 같은 '탐정 시리즈'들은, 독자의 비판적 시선을 이들 클리셰와 스테레오형들의 반복적 효과와 클리셰가 만들어지는 과정으로 이끈다.(쿠에냐, 1992: 97-98) 〈에두아르 드 생 타무르에 나타난 일반 공론과 스테레오형의 사용〉에 관한 연구는, 대중 소설도 《보바리 부인》과 《부바르와 페퀴셰》가 조롱한 중세 시대의 스테레오형들을 어떻게 거리를 두고 보게 하는지 설명하고 있다.[15] 이차문학으로 간주된 텍스트들이 고정된 집단적 도식들과 관용적인 표현들을 알아볼 수 없는 수용자를 대상으로 하는 것은 반드시 아니다.

독서 교육법

독서 과정에서 스테레오형이 미치는 강한 호소력은 교육학자들에게 특별한 연구 대상이 된다. 이제 교사들은 학생들에게 스테레오형의 개념을 익히게 하고, 관용적 구조들을 분석하도록 이끌면서 문학 읽는 법을 가르친다. 교실에서 모든 진부한 흔적들을 비난해 왔던 전통을 뛰어넘게 된 것이다. 뒤페는 순전히 부정적인 이런 비판 대신에 스테레오형의 정의와 탐지를 통해 이루어지는 교육을 제시한다. 고등학교 1학년부터 적당하다고 평가된 단계가 실행되고 있다. 학생들은 사진소설·광고·연재 만화에서 발췌한 것 등등 여러 텍스트를 대한다. 학생들이 진부한 표현과 관용적인 표현들을 찾아내도록 한다. 학생들이 스테레오형이라는 말도, 그와 유사한 개념을 모를 때에도, 이들은 큰 어려움 없이 반복된 표현들을 찾을 수 있다. 그러므로 교사는 학생들이 스테레오형을 정의하도록 이끌 수 있으며, 스테레오형들이 특히 중요하게 사용되거나, 거리를 둔 채이거나, 여전히 애매한 방식으로 이용된 다른 텍스트들을 제공한다. 이런 연습은 스테레오형이 발화되고 수용되는 방식들을 직면하게 하며, 젊은 독자의 분석 능력을 발달시킨다. 고등학교 3학년 수업에서, 뒤페는 다음과 같은 책을 미리 읽은 것을 토대로 스테레오형의 가치에 대한 각자의 관점을 옹호하는 활발한 토론을 제안하기도 한다: 일반 공론이 허용될 권리──J. 폴랑; 스테레오화 과정의 해악적인 면

들 ——R. 바르트: 스테레오형의 두 가지 성질 ——R. 아모시.(뒤페·주멘·르뒤르, 1996: 233)

스테레오화 과정에 대한 이러한 접근은 학생들의 독서 능력과 분석 능력을 동시에 발달시켜야 한다. 이것은 학생들에게 텍스트의 새로운 것을 평가하게 하고, 동시에 텍스트가 기존의 요소들을 다시 취함에 따라(하나이든 아니든) 어떻게 짜여지는가를 이해하게 해준다. 스테레오화된 자료들의 변조와 변화의 가능성을 찾아낸다는 것은 학생들 고유의 창의력을 자극한다. 비평적 독서는 글 쓰는 행위를 준비시킨다. 동시에 스테레오형에 대한 입문은 학생들로 하여금 겉으로 보기에 가장 '자연스러운' 표현들이 실제는 어떤 시대에 관련되어 있고, 시대에 따라 다르게 느끼고 생각하는 방식과 관련되어 있다는 것을 보도록 해준다. 이런 문화적인 능력은 학생들로 하여금 자신들의 믿음을 상대화하도록 도와 주며, 담론의 사회적이며 이념적인 차원을 더 잘 이해하도록 도와 준다.

그렇지만 학생들은 텍스트를 제대로 이해하기에 적합한 스테레오화 과정을 어떻게 재발견할 수 있을까? 아니 룩셀은《문학 독서 교육》에서, "성인이 단조로움 또는 진부한 요리 같은 담론에서 알아채는 것이라도 학생들에게는 새롭다"라고 말한다. "어떻게 경험 부족을 보충하고 학생들로 하여금 언어와 사고 속에 사용되면서 고정되어진 것을 알아보게 할 수 있을까?"(1997: 174) 아니 룩셀은 젊은 독자들에게 결핍된 요소들을 제공하도록 고안된 학습 모델을 제시하면서 이 질문에 답하고자 한다. 이와 같이 플로베르의 유명한 농업공진회 장면을 읽기 위해서 그녀는, 예를 들어 리외뱅의 연설과 같은 글을 학급에 가져와서 진보와 농업에 대해 독창적으로 예찬한 글임을 밝히기를 제시한다. 그 시대의 담론은 현대의 정치적 웅변술과 함께 비교되면서 제시될수록 더욱 빛을 발할 것이다. 아니 룩셀은 또한 클리셰와 사회 통념에 대한 작가의 작업을 분명하게 보여 줄 플로베르의 서신 발췌문과 수사본도 함께 제시하기를 제안한다. 사실상 독서를 교육할 때에 학생들의 지식이 한정된 백과 사전적 지식이라는 점과, 이들이 자신들의 문화적 지식의 성향과 이제는 더 이상 같지 않은 집단적 도식들에 별로 친숙하지 않다는 점을 자주 고려해야 한다.

이처럼 1997년 DEUG의 어떤 수업중에 《전락》(1956)의 한 부분을 읽을 때, 다양하게 읽을 수 있고 풍부하게 해석하는 것은 카뮈의 텍스트가 만들어 내는 문화적 모델들을 얼마나 완벽하게 숙달하는가에 달려 있는지를 보여 준다. 1940년대의 레지스탕스 운동에 참여하려는 의사를 밝히나 여러 가지 변명을 대며 회피하고 있는 클라망스라는 서술자는 다양한 패러다임에 따라 학생들에 의해 다시 설정된다. 독일 점령하에서 '보통 프랑스인'의 행동에 대해 최근 일어난 공적인 토론을 참조한 어떤 학생들에게는, 클라망스는 나치와 싸우는 것이 두려운 자신의 모습을 인정하지 않으려는 비겁한 사람으로 나타난다. 실존주의적 사고에 익숙한 학생들에게는, 클라망스는 자신의 참여 의무를 회피하는 인물로 보여진다. 이런 문화적 표본은 모르지만 주변 상황과는 별도로 서술적인 표본을 중요시 여긴 서사학을 공부한 학생들에게, 그는 반영웅으로 나타난다. 끝으로 어떤 학생들에게 카뮈의 이 인물은 다양한 모델들의 접점에서 설정된다. 독서의 '풍부함'은 "독서 중에 동원되는 여러 가지 스테레오화 과정에 달려 있다"라고 보는 뒤페에 동의할 수 있다는 것은 바로 이런 의미에서이다. (뒤페, 1994: 153) 학생은 텍스트의 도식들을 재구성할 줄 아는 능력뿐만 아니라, 이 도식들을 기존의 모델들과 연결하면서 알아볼 수 있도록 이끄는 백과 사전적 지식을 함양해야 한다. 바로 그렇게 되어야만 학생들은 변이형들·불일치들, 간단히 말해 선택된 텍스트의 새로운 잠재력을 발견하고 감상할 수 있게 된다.

문학 연구 영역에서, 이처럼 스테레오화의 현상은 대체로 가치 문제나 정의 문제로 이해되는 것만이 아닌 다양해진 접근 대상이 된다. 사실 클리셰와 스테레오형은 때때로 혼동되고, 또는 일반적인 명칭으로 간주되고 있음을 알 수 있다. 이들 개념들을 구분하고자 할 때, '클리셰'는 표현의 차원에서 평범함을 따르는, 진부한 문식을 의미하는 편인 것 같다. '스테레오형'은 일반적으로 고정된 집단 도식, 공통된 이미지 또는 표현을 더 지칭한다. 이런 의미에서 스테레오형은 사회과학에 의해 발전된 개념과 관련된다. 더구나 사회과학들은 문학 독서를 특징짓는 과정을 지칭하기 위해 '스테레오화 과정'이라는 개념을 취할 수 있을 것이다.

가치에 관한 한 독사·클리셰·스테레오형들을 역동성이 결핍되고 의미가 없는 고정된 요소들, 잉여물로 보는 사람들이 있으며, 이들과는 다르게 공동 영역에 속하게 된 표현들과 이미지들이, 이들을 다시 작업시키고자 고심하는 문학 텍스트에 의해 끝없이 다시 취해지고 역동적으로 된다고 생각하는 사람들이 있다. 이런 이중 평가는 사회과학 분야에서 검토된 스테레오형의 양가치성을 상기시킨다. 이런 이중적 평가는 언어과학 분야에서는 여전히 일반적이지 못하나, 이들이 편견, 창의적인 독창성, 또는 이념적 기만의 분석이라는 관점에서 주로 강조해 온 비하적 측면은, 언어에서의 의미 연구나 수사학에서의 말의 유효성과 같은 다른 고찰 덕분에 사라지는 경향이 있다.

IV

언어학, 수사학, 담론 분석

이 장에서는 언어과학을 다루고자 한다. 첫번째, 대립적인 것을 넘어 언어 연구에 관심 갖는다는 측면에서 어휘론과 의미론에서의 다양한 이론들을 통합하고자 한다. 두번째 부분은, 담론적 설득 형태로서의 논증을 다루고자 한다. 마지막 부분은, 담론의 여러 가지 분석들의 동향들에 할애하고자 한다.

언어에 나타난 스테레오형

관용구

스테레오형의 문제, 여기서는 더 정확히 말해 클리셰의 문제(고정된 문식과 같은)는 관용구에 대한 언어학적 연구와 만난다. 관용구는 "구성 요소들이 개별적으로 활성화되어 있지 않은 모든 집단"이라고 한다.(그로스, 1996: 14) '일류 요리사(un cordon-bleu)'〔원의미는 '푸른 끈'〕라는 표현에서 '푸른(bleu)'이라는 형용사 앞에 부사를 놓을 수 없으며(un cordon assez bleu라는 표현은 불가), 이 표현의 의미를 바꾸지 않은 채 동의어나 변이형을 대신 놓을 수 없다. 이 표현은 다른 구성 요소들이 요소 연속을 떠나 작동할 정도로 자체 의미는 갖지 못하지만 전체적인 의미와 관련된다. ('푸른 끈'은 요리를 아주 잘하는 사람을 칭한다.) 반면에 요소 연속 전체를 한 단위로서 보는 경우 수식(탁월한 일류 요리사)할 수 있다. 관용구는 그러므로 문장과 의미의 측면에서 강한 결속을 가지고 있다고 볼 수 있다. 가스통 그로스는 이들을 담론의 일부로 분류한다: 합성어(원탁〔table ronde〕 또는 만능 스패너〔clé

anglaise)), 명사 한정사(몹시 배고프다〔avoir une faim de loup〕)
〔원의미는 '늑대의 허기'〕, 동사구(실패하다〔prendre une veste =
être battu〕), 형용사구(폭발 일보 직전의〔à cran〕, ——에 맞추어
〔sur mesure〕), 부사구(함부로〔à tort et à travers〕), 또는 전치사
구나 접속사구(에도 불구하고〔en dépit de〕, ——할까 두려워〔de
crainte que〕).

이런 예들을 볼 때, 클리셰와 관용구는 상호 작용한다는 것
을 알 수 있다. 모든 관용구들(접속사구나 전치사구들, 많은 합
성어들)이 다 클리셰는 아니다. 그러나 이들 중의 어떤 것들
(몹시 배고프다〔원의미는 '늑대의 허기'〕)은 클리셰이다. 클리
셰들은 특히 강도를 나타내는 비교 표현들(매우 아름다운〔원
의미는 '신처럼 아름다운'〕, 고열〔원의미는 '말의 열'〕, 참을성
많은〔원의미는 '천사의 인내'〕), 또는 관용적 은유들(맹렬한 속
도로 달리다〔원의미는 '무덤을 열어 놓고 달리다'〕)과 관련된다.
문맥상에서 의미상의 동기를 언제나 부여할 수 있는 문식의
존재는 클리셰의 생산에 필요한 것 같다.(III장 참조) 마찬가
지로 클리셰라고 모두 관용구는 아니다. 클리셰는 고정성의
정도에 따라 관용구와 구분된다. '뛰어난 언어학자'는 클리셰
적인 조합이며, 이것의 구성 요소들에는 문장상의 자율성이
어느 정도 결핍되어 있다. 사실 관용구·스테레오형·클리셰
들은 격언("하늘은 스스로 돕는 자를 돕는다") 및 광고 문안
("낱말이 둔중하다면, 사진은 충격이다")과 함께 고정된 표현
이 분리될 수 없는 연속체에 속하며, 발화된 모든 내용이 응
결된다는 점이 특징이다. 이들이 "본래 연속체가 가능하지 않

는 곳에서 연속체가 되었던 것이라면," 이들은 비슷한 과정에 따라 '응결이 풀어질' 수 있다.(그로스, 1996: 20) 신문의 표제들(《말》에서 피알라 아베르, 1989)과 광고 문안("생각들이 충격이라면, 현실은 둔하다." 그로스, 1996: 20)에서 말놀이와 함께 광범위하게 사용되는 과정들이 그런 예들이다.

클리셰와 관용구를 구분짓는 것은 예들만이 아니라, 이들을 연구하는 분야의 관점이기도 하다. **지독한 추위**(un froid de canard)〔원의미는 '오리가 느낄 수 있는 추위'〕와 **일생일대의 두려움**〔을 느꼈다〕(〔il a eu〕 la peur de sa vie)와 같은 관용표현들은 형태통사론적 체계(말의 형성의 문제), 어휘적 체계(어휘 단위의 경계지정의 문제), 사전학적 체계(단일어와 2개 국어 사전의 항목 구성)를 이유로 언어학자들이 흥미를 가지는 부분이다. 그에 반해 문체적 접근은 담론적 문맥에서의 클리셰 효과, 텍스트의 생산에서의 클리셰 역할, 고정된 표현들이 야기할 수 있는 다양한 읽기를 연구한다.(III장 참조)

스테레오형과 원형의 의미론

H. 퍼트넘에 따른 스테레오형

스테레오형은 언어학적 작업에서 자주 참조되어 온 의미론의 대상이 되었었다. 의미론은 자연적 종의 이름의 의미를 대상으로 삼은 미국 철학자 힐러리 퍼트넘의 작업(1970년 그의 논문 〈의미론이 가능한가?〉에서 도입된 개념: 퍼트넘, 1990)이

시초가 되었다.

스테레오형은 일정한 어떤 문화에서 낱말에 관련된 관례적인 개념이다. 호랑이는 줄무늬, 레몬은 신맛과 노란색의 두꺼운 껍질, 물은 '색깔이 없고, 투명하며, 맛이 없는, 갈증을 없애는' 등과 같은 예를 들 수 있다. 스테레오형은 의미의 한부분으로 낱말과 결합된 일반적인 의견과 일치한다. 게다가 퍼트넘에 의하면 의미는 문장 차원의 표지들('물' : '불가산 구상명사'), 종으로 분류케 하는 의미 차원의 표지들('물' : '자연적 종으로, 액체'), 그리고 퍼트넘의 이론에서, 전문가의 언어 능력에서 나오는 확대해석(이 경우 H_2O)을 포함한다.

이 이론은 언어학에서 낱말의 의미를 필요 충분 조건에 의해 정의하는 성분 분석에 의해 밝혀지는 모델과 대립한다: "지시를 결정짓는 것으로 이해되는 낱말의 의미는, 이 낱말에 의해 적합하게 지시되기 위해 지시 대상이 완수해야 하는 조건들로 구성된다."[16] 하나의 어휘를 다른 어휘와 구분짓게 하고, 지시 대상과 일치하게 하는 특징들은 작은 수의 특징들로 결정된다. 이처럼 끌어낸 정의는 소위 분석적이다. (이런 정의는 진정 선험적이다.) 이런 접근을 잘 보여 주는 표본 유형은, '결혼하지 않은 남자'로 정의되는 '독신자'의 경우이다.

자연적 종의 낱말들로 제한된 스테레오형의 의미론은 다르게 나아간다. 의미론은 낱말이 지시 대상을 직접 가리킨다고 생각하며, 여기에 대해 전형적인 설명을 제시한다. 다시 말하여 스테레오형은 "종의 표준적 구성원을 특징짓는 것이다."(퍼트넘, 1990: 301) "한 마디로 나의 명제는 의미와 일치시키게 될 하나의 사물을 지시하는 것이 아니라, 의미의 설명으로 표준적 형태(또는 오히려 일상적인 형태 유형)를 명확히 하면서 '의미'를 정의하는 것이다."(퍼트넘, 1985: 42) 의미에 대한 이러한 설명은 분석적인 사실과 일치하지 않는다. 즉 껍질이 노랗지 않은 레몬도 언제나 레몬이다. (노란색은 레몬을 정의하는 필요 조건이나 충분 조건은 아니다.) 마찬가지로 백색 호랑이는 결혼한 독신자처럼 모순적인 개체가 아니다.

스테레오형에 대한 이론은 실제 의미의 표현을 제공하려는 것보다 담론 중에 낱말을 사용하게 하고, 그 낱말을 이해시키는 것을 목적으로 삼는다.(마랑댕, 1990: 285 참조) 그것은 어느 한 사회에서 소통에 알맞는 사용임을 확신시키기에 반드시 필요한 어떤 낱말과 관련되어 있는 단순화된 표현이다. 그래서 호랑이라는 낱말을 취득하고 사용하기 위해서는 호랑이는 줄무늬가 있다는 것을 아는 것이 필요하다.

이런 관점에서 어떤 사람이 '호랑이'의 의미를 안다면(또는 우리들이 그렇게 말하도록 정했던 것처럼 '호랑이'라는 말을 취득했다면), 그 사람도 전형적인 호랑이는 줄무늬가 있다는 것을 안다고 기대되어진다. 더 정확히 말해, 언어학적인 공동체는 그런 식으로 호랑이에 대한 단 하나의 스테레오형을 갖는다. (화자는 호랑이에 대해 여러 가지 스테레오형을 가질 수 있다.) 즉 그 사람은 이런 스테레오형을 가져야 하며, 그것이 필수적이라는 것을 (암시적으로) 알아야 한다.(퍼트넘, 1985: 38-39)

스테레오형은 사회적이며 문화적인 규범의 인식 위에 세워진 일상적 의미를 분명히 보장해 준다.

우리들의 문화 안에서 화자들은 호랑이가 무엇과 비슷한지를 알도록 요구되어진다. (이들이 '호랑이'라는 낱말을 사용할 때, 이것은 거의 의무적이다.) 사람들은 그들에게 느릅나무가 무엇과 비슷해야 하는지에 대해 자세한 내용(잎의 형태와 같은)을 알도록 요구하지 않는다. 그들의 언어는 호랑이와 표범을 구분할 수 있는 영어 사용권자들을 요구한다. 그들의 언어는 그들이 느릅나무와 너도밤나무를 구분할 수 있기를 요구하지 않는다.(퍼트넘, 1985: 37-38)

마찬가지로 스테레오형이 일정한 어떤 문화에서 의무적인 반면, 그것은 믿음의 정도와 함께 변화할 수 있다. 즉 오늘날의 사람들은 더 이상 마술사를 믿지 않으며, 이들이 악마와 관계를 맺고 있다고도 믿지 않는다.

이런 개념에서, 일반 상식을 선호하는 전통 속에 기재되어 있는 스테레오형은 부정확하게 보일지는 몰라도 그 본질은 비하적이 아니다.

일상적인 말에서 '스테레오형'은 X의 외양·행동 또는 성질에 관한 (자주 비하적이고 때때로 지나치게 부정확한) 관례적인 개념이다. 물론 나는 일상어의 몇몇 특징들은 다루지 않겠다. 나는 비하적인 스테레오형에는 전혀 관심이 없지만(언어 자체가 비하적인 경우만 제외하고), 부정확할 수 있는 관례적인 개념에는 관심이 있다.(퍼트넘, 1985: 38)

금에 대한 관례적인 표현, 노란색의 비싼 금속이라는 설명은 순수한 금속의 진짜 색깔과는 일치하지 않는다. 그러나 이런 점은 일상적인 소통에는 전혀 해를 끼치지 않는다. 마찬가지로 평균적 화자는 '금'이라는 어휘를 얻기 위해 순금 함유도에 대한 정의를 알 필요가 없다. 퍼트넘의 스테레오형 이론은, 일상어에서 획득된 능력과 전문가의 능력을 구분함으로써 언어학적인 작업에 있어 분류되어야 할 점을 제시한다.

의미론이 이 이론에 대해 가지는 관심은, 고전적 의미론에 의해 내버려진 의미의 소위 '백과 사전적' 구성 요소들을 재통합하려는 것이다. 이들 구성 요소들은 사실상 자연적 종 또는 인공산물에서 기인하는 어휘들을 사전에서 정의할 때 기본이 된다.(프라댕-마랑댕, 1979) 이처럼 《프랑스어의 보물》에서 설명된 '까마귀'의 정의(검은 깃털, 날카롭고 약간 구부러진 부리를 가지며, 썩은 고기를 먹는다고 알려진 연작류의 큰 새)는 분류소(큰 새)와, 까마귀는 검은 깃털과 날카롭고 약간 구부러진 부리, 썩은 고기를 먹는다는 스테레오형을 형성하는 지식(과 믿음)의 세계인 명사와 결부된 '백과 사전'을 결합시킨다. 베르나르 프라댕과 장 마리 마랑댕에 있어 "자연류/인공산물류의 명사들의 '의미'는, 명사와 결부된 스테레오형을 형성하는 '백과 사전적' 문장의 총체이다."(프라댕-마랑댕, 1979: 66) 그렇지만 퍼트넘의 계보는, 스테레오형에 대한 이런 재구성으로 스테레오형을 더 넓은 담론적 차원에서 검토한다. 즉 스테레오형의 표현은 유형화시키는 언술 행위의 형태(까마귀는 검은 깃털을 가진 새로 썩은 고기를 먹는다고 알려져 있다 등)로 이해된다.

게다가 스테레오형은 의미의 정의 차원에서만 포함되지는 않는다. 스페인어와 프랑스어 비교 연구에서, 아리안 데포르트와 프랑수아즈 마르탱 베르테(1995)는 스테레오형을 쓰려면 각 언어의 관용어구의 단위들을 고려할 필요성을 강조한다: '수치로 붉어진'〔원의미는 '닭처럼 붉은'〕은 의미의 정의와는 상관없는 전형적 요소인 가금류의 벼슬을 언급하고 있다.

스테레오형을 어휘 단위와 결부된, 수용된 일련의 의미 자질들로 보는 개념은 어휘 연구의 의미론을 넘어선 파급 효과들을 가진다. 이런 개념은 의미의 정의 결핍으로 인해 추론과정이 문제되는 담론의 연쇄를 이해하는 데 적용된다. (상반되는 지시가 없는 경우, 하나의 어휘는 자신의 스테레오형에 적합하게 해석되어진다.) "우리들은 어떤 마을로 들어갔다. 교회는 닫혀 있었다" 또는 "나는 나의 만년필을 수선시켰다. 펜촉이 부러졌었다"와 같은 연쇄는, '마을'→'교회'(프랑스 마을에서 교회의 존재와 유일성을 전제하면서), 또는 '만년필'→'펜촉'이라는 맥락을 이해하고 받아들이게 하는, '마을'과 '만년필'에 관련된 스테레오형들을 토대로 세워진다.(클레베르 in 플랑탱, 1993. 그리고 원형에 대해서는 클레베르, 1990: 111) 어떤 텍스트를 이해한다는 것은, 시나리오 또는 서술 모델들의 인식에 토대를 두는 것처럼 어휘의 전형적인 또는 '원형적인' 특징들

에 대부분 근거한다.(III장 참조)

원형의 의미론

스테레오형에 관한 퍼트넘의 최초의 작업들과 같은 시기에 나타난, 원형에 대한 의미론은 우선 그 기원부터 다르다. 1970 년대에 인지심리학에서 나타난(로슈의 작업) 원형의 개념은, 처음에는 "인간의 기억 속에 들어 있는 인식 구조의 연구라는 더 일반적인 범위 내에서 일어난 범주화 과정"과 관련된다.(뒤부아-레슈-리공 in 플랑탱, 1993: 373) 원형이 심리학에서 '심리적 개념과 표현들'을 가리킬 때(클레베르, 1990: 16), 언어학자들은 이 모델에게서 "무엇보다도 어휘 차원의 의미라는 문제를 해결해 주는 이론을 보며," 이 개념을 도입한다. **원형의 의미론**은 이처럼 '언어학적' 의미와, 특히 한 낱말의 의미에 관한 이론이 되며(클레베르, 1990: 16), 범주와 낱말이 동등하게 놓이면서 점진적인 의미 변화가 이루어진다.

원형이란 무엇인가? 초기에 원형이란 "하나의 범주와 일반적으로 결합된 가장 좋은 표본"으로 정의될 수 있다.(클레베르, 1990: 49) 그것은 어떤 점에서는 하위 범주이며, 전형적인 방식으로 하나의 범주를 표현한다. 예를 들어 참새는 '새'라는 범주의 원형이라고 말해질 것이다. 그것은 무엇을 의미하는가? 조르주 클레베르는 원형은 지칭된 대상과 일치하지는 않으나, 예를 들어 참새의 이미지처럼 표현된 하위 범주의 개념이나 심적 이미지와 일치함을 강조하고 있다.(클레베르, 1990: 62) 다르게 말하면, 원형은 범주의 대표적이거나 두드러진 특성들을 요약하는 표본으로서 정의된다. 이런 권리로 원형은 같은 범주 안에 여러 개의 원형들을 가질 수 있다. 예를 들어 바나나·사과 또는 오렌지가 과일의 원형들인 것처럼, 참새와 독수리는 새라는 원형적인 특성들을 공유한다. 이런 원형의 개념은 스테레오형의 이론처럼 전통적인 분석적 정의들과는 대립된다. 원형은 전형성과 점층 위에 세워진 범주화를 형성한다. 한 분류의 정의가 이 분류의 모든 표본들에 똑같이 적용됨을 내포하는 필요 충분 조건을 갖춘 표본과는 달리, 원형론은 범주 안의 모든 구성 요소들이 원형의 모든 특성들을 가지고 있다는 것을 필요 조건으로 하지 않는다. 점층의 관계에서 원형의 특성들은, '과(科)의 유사함'(철학자 비트겐슈타인에게서 빌려 온 개념)으로 원형적인 특성을 가장 많이 포함하는 중심의 심급과 연결되어 있다. 이것은 '펭귄'의 정의가 '날 수 있는'이라는 정의를 포함하지 않더라도 새일 수 있다는 사실을 이해하게 한다.

원형과 스테레오형은 서로 유사하다. 이들은 "자연어의 개념적 범주에서 가장 두드러진 의미의 자료들을 포함한다."(제레르, 1985: 29) 그러나 원형론은 범주화의 문제, 의미의 범주화의 구성이라는 문제를 중요 대상으로 삼으며 언어심리학에 속한다. 원형론은 "개인의 인지 체제에서 일어나는 인식의 구성에 관한 가정이다."(제레르, 1985: 30) 스테레오형 이론은 의사소통의 사회적 구성에 관심을 갖는다. "스테레오형의 이론은 언어 공동체에서 언어 인지의 분포에 대한 가정이다."(제레르, 1985: 31) "스테레오형은 사회 통념을 설명하고, 원형은 의미의 범주화에 영향을 미치는 개념 체계의 심리학적 원칙들을 설명한다."(제레르, 1985: 31) 이들 이론들이 다른 적용 분야에 속한다는 사실에도 불구하고 원형과 스테레오형이 자주 동일시되고 있다: "이 둘은 표준의 경우에, 사회적 관점에서 가장 중요한 의미 자료들이 또한 범주의 인지 구조에서 가장 중요한 의미 자료들이 되는 한 서로 일치한다."(클레베르, 1990: 69) 다른 말로 설명하자면, 비록 이 두 이론이 의미 특질의 구조에 관해 다를지라도 '참새'라는 원형의 두드러진 특징들은 참새에 대한 스테레오형과 일치한다.(클레베르, 1990: 68 참조)

그렇지만 퍼트넘이 선택한 어휘는 사회적 스테레오형들을 연구하는 데 있어 충분하지 못하다는 것을 지나칠 수 없다. 레몬·호랑이·물 또는 몰리브덴과 같은, 이 거장이 애호한 예들의 정의에는 상당히 발달되어진 사회적 목적이 포함되지 않는다. 이론상의 의도가 다르며, 퍼트넘이 의도적으로 스테레오형을 기술적인 의미로 제한했다는 것이 보였다. 이런 관점은 드니 슬라크타에 의해 강조되었는데, 이는 《로베르 소사전》의 '깃발' 항에서부터 사회적 스테레오형은 의미와 구문상의 표지들과 같은 차원에서 간주될 수 없다는 것을 보여 준다. 깃발은 사실상 《로베르 소사전》에 의해 색깔이 칠해진 천, 조국의 개념('존경심, 깃발 의식,' '군대, 조국의 상징,' '깃발을 위해 목숨을 바칠 것')과 연관된 '천조각'으로 정의된다. 통사적 표지(남성명사, 공동의: 구체적: 셀 수 있는)와 의미론적 표지(천으로 제작된 물품, 무생물:/인간이 아닌/:/동물이 아닌/)는 사실상 "관련된 스테레오형들, 즉 조국·존경심·의식; (깃발을 위해 목숨을 바칠 것[본질적으로 명령적])"들과 같은 위상을 갖지 않는다. 슬라크타는 우리들로 하여금 의무적이며 규범적인 스테레오형의 성질에서 두 가지 면, 즉 묘사적 측면(레몬의 경우 노란색)뿐만 아니라 '너무 많은 언어학자들이 잊기에 급급한' 명령적 측면(깃발을 위해 목숨을 바칠 것)을 구분하도록 이끈다.(슬라크타, 《스테레오형》, 1994: 42-43)

다른 한편 퍼트넘의 스테레오형 이론은 이상적인 사회 언어학적 표현, "최적의 투명한 의사소통의 방법들을 세우는 데 협력하는" 공통의 규범을 인정함으로써 통합된 동일한 언어를 가진 사회 공동체의 표현에 기초를 두고 있다.(프라댕-마랑댕, 1979: 82) 베르나르 프라댕과 장 마리 마랑댕은, 명사와 결합된 백과 사전적 문장들의 '그 즉시 사실로 받아들여지는' 효과, 이들 문장의 명백한 보편성은 이들이 발화 상황들을 가지지 않는다는 데서 온다는 점을 강조하고 있다. 스테레오형은 이미 설정되었다는 사실에서 설명 없이도 명백한 사실처럼 작동한다.(아래의 담론 분석과 프라댕-마랑댕을 참조할 것, 1979: 82)

원형의 의미론을 담론의 역사성과 연결짓는 것도 또한 중요한 것 같다. 폴 시블로는 프랑스어로 casbah라는 말을 예로 들면서, 담론을 통해 스테레오형이 만들어지는 과정에 따라 이 말의 의미가 발전되어 가는 과정을 보여 주었다. 1830년, 알제리를 통치했을 때 아랍어에서 차용된 이 단어는 처음에는 프랑스어로 "아랍 나라에서 왕의 성채와 궁전"을 의미했다.(시블로, 1996: 115) 그때 알제리는 이 단어의 원형(사실적인 점에서 가장 좋은 예라는 의미에서)처럼 나타난다. 도시의 지형은 두번째 의미를 만들어 내며, "도시의 높은 요새화된 지역"을 의미한다. 끝으로 모파상에게서 증명된(1888) 세번째 의미, "단어의 민족적인 성격이 아주 분명하게 부여된" '아랍의 도시'가 나타난다.(시블로, 1996: 116) casbah의 프랑스어에서의 의미론은 그러므로 "아랍어에는 존재하지 않으나 프랑스어에서는 개념의 전형성의 특징인 이타성이라는 의미소를 포함하고 있다." 이 단어는 그러므로 단지 "도시의 공간을 지칭하지 않을 뿐만 아니라 하나의 영역, 즉 타자에 의해 소유된 공간, 이타성, 아랍적 특성 안에서 인식되고 동일시된 공간을 지칭한다."(시블로, 1996: 117) 언어는 이처럼 민족과 사회간의 대립을 기재한다. 빠져 나올 수 없는 미로, 기행문학에 나오는 일반적 장소와 같은 아랍 도시의 스테레오화된 설명은, 원형의 본질적인 특징이지만 사전에는 나오지 않는 이타성의 특징을 증명한다. 그러므로 원형이 담론을 통해 발전되어 가는 과정의 연구는 의미의 변화 과정을 알기 위해서는 꼭 필요한 것 같다. 담론에서 스테레오형이 이루어지는 과정은 원형의 특징들을 강조한다. 이 과정은 또한 언어 연구가 담론에서의 현동화와, 언어와 사회, 언어와 역사와의 관계는 분리될 수 없다는 것을 보여 준다. 시블로에게 있어 "어휘의 원형성과 담론에서 스테레오형이 이루어지는 과정은…… 의미를 생산하는 두 가지 측면으로 나타난다."(시블로, 1996: 121)

통합화용론에서의 토포스

장 클로드 앙콩브르와 오스발트 뒤크로의 토포스는 마찬가지로 의미론의 영역에 속하지만, 퍼트넘이나 클레베르가 표방하는 의미론과는 아주 다른 영역에 속한다. 이 말의 아리스토텔레스적 기원으로 다시 돌아가면서(I장과 IV장, 188-191쪽 참조) 순전히 언어학적인 범주에서 이 말을 다시 정의하고자 하는 일은, 소위 '언어에서의 논증론(argumentation dans la langue)'(약자로 ADL)에서 이루어진다. 앙콩브르와 뒤크로에게 있어서 몇몇 논증적 가치들은 '심층 구조로, 의미 안에' 존재한다.(앙콩브르, 1995: 20) 다른 말로 설명하자면 수사학적인 요소, 즉 "논증적 힘이라고 하는 영향을 미치는 형태"(앙콩브르·뒤크로, 1983: 서문)는 쓸데없이 추가되어진 것이 아니며, 구문과 의미를 구성하는 요소들보다 나중에 오는 것이 아니다. 이와는 반대로 수사학적인 요소는 단어나 표현, 또는 언표 자체의 의미와 분리될 수 없이 연결되어 있다. 실제로 의미를 주는 가치들이라고 모두 정보 형태에 속하지는 않는다. 다시 말해 이들 가치들은 논증적인 지시들을 포함한다: "이 호텔은 좋습니다"라는 것은 "당신에게 권합니다"라는 표현이 뒤따라 나올 수 있다. "이 호텔은 좋습니다. 당신에게 권하지 않습니다"라고는 말하지 않을 것이다. 적어도 '그러나'를 사용하지 않고서는 가능하지 못한 표현이다. ("이 호텔은 좋습니다. 그러나 권하지는 않겠습니다. [너무 비쌉니다.]") "장은 똑똑합니다.

그러나 제멋대로입니다"와 "장은 제멋대로입니다. 그러나 똑똑합니다"는 같은 정보를 담고 있으나, 논증적 방향은 같지 않다. 첫번째 언표는 어떤 임무를 수행하는 데 있어 장이 부적당함을 드러내는 데 비해, 두번째 언표는 임무를 잘 수행할 수 있다는 것을 나타낸다. 그때부터 "어떤 언표에 있어서 의미한다는 것은 유도를 의미한다."(앙콩브르·뒤크로, 1983: 서문) "기술하거나 정보를 주는 것이 아니라, 담론을 어떤 방향으로 이끄는 것이다."(앙콩브르, 1995: 30)

바로 이런 관점에서 스스로 **'통합화용론'**이고자 하는, 즉 화용론과 의미론을 분리시킬 수 없으며, 언표의 심층적 의미가 맥락 속에서 사용되는 경우——이 경우 언표의 논증적 가치——와 분리되지 않아야 하는 접근 방식을 원하는 언어에서의 논증론이 세워진다.

그러므로 이런 범주 안에서 논증은 언어에 기재된다. 논증은 화자가 언표 E1을 표현할 때 나타난다. 예를 들어 "날씨가 덥다"라는 E1은, "수영하러 가자"와 같은 다른 E2를 이끌게 되어 있다. E1과 E2 사이에 이루어지는 결론적 관계는 "더운 날씨는 수영하기에 좋다"라는 암시적인 통과 법칙에 의해 확실해진다. 담론상의 연쇄를 보증하는 것이 바로 이와 같은 **토포스**이다. 화용론의 관점에서 이들 **토포스**는 다음과 같이 정의된다.

추론 자체가 아니라 추론을 돕는 데 쓰이는 일반적인 원칙들로서 정의된다. 이들 토포스는 자신이 저자임을 결코 드러내지 않는(실제로는 그렇다고 하더라도) 화자라는 의미에서, 결코 단정적이지 않은 상태에서 사용된다. 이들은 거의 항상 다소간 광범위한 한 공동체에서(예를 들어 한 개인으로 환원된 화자를 포함해서) 어떤 합의가 이루어진 대상처럼 제시된다.(앙콩브르, 1995: 39)

토포스는 그러므로 논증의 연쇄를 보장하는 "어떤 공동체에 보편적인 것으로 제시되는 믿음"으로서 나타난다.(뒤크로 in 앙콩브르, 1995: 86) 이들은 일반적인 가치를 가진다——더위는 일반적으로 해변에 가기 위한 동의를 구하는 전제 요인이며, 단지 이런 특별한 경우에서만은 아니다. 더욱이 이들은 점층적이다. 화용론이 많이 강조하고 있는 토포스의 이런 계단과 같은 성질은 **토포스의 형태**에 대한 개념을 탄생시킨다. 여기에는 더위의 단계와 승인의 단계라는 두 단계가 있다. 이 단계들은 일치하는 담론 +P·+Q("날씨가 더울수록 수영은 즐겁다"), 불일치하는 담론 +P·-Q("날씨가 더울수록 사람들은 덜 편안하다")를 가능케 한다: "이 영화는 약간 지성적이다. 거의 성공하지 못할 것임에 틀림없다"와, "이 영화는 거의 지성적이지 않다. 거의 성공하지 못할 것임에 틀림없다"에서, 첫번째 예는 대표적인 일반 공론적 형태에 근거한다. 즉 +P·-Q("영화가 지성적일수록 성공하지 못한다"). 두번째는 가능한 어떤 일반 공론적 형태에 근거한다. 즉 -P·-Q("영화가 지성적이지 않을수록 성공하지 못한다").

E1과 E2 사이에 단정적인 연결을 확실히 하기 위해 암시적으로 소환된 토포스는 모순적일 수 있다: "그는 그녀를 사랑해. 그는 그녀를 믿을 거야"에서 일반 공론적 형태는 "사람들은 누군가를 사랑할수록 더 믿는다"이며, "그는 그녀를 사랑해. 그는 의심하게 될 거야"는 "사랑할수록 사람들은 더욱 의심하고 질투하게 된다"라는 일반 공론적 형태에 근거함을 알 수 있을 것이다. 마찬가지로 '끼리끼리 모인다' 라는 토대 위에 세워진 연쇄들을 알 수 있는 반면, 이와는 다른 연쇄들은 대립적인 것들이 서로를 끌어당긴다는 생각을 토대로 세워질 수 있을 것이다. 모든 문화들은 동기의 필요에 따라 소환된 대립적인 통념들을 포함하고 있다. 즉 "우리 문화들은 우리들의 이데올로기와 마찬가지로 열려 있다. 하나의 토포스가 자신의 대립과 서로 공존하는 일은 흔하다."(앙콩브르, 1995: 39) 다른 관점에서 볼 것 같으면, 토포스들은 문화에 따라 변화한다. 남쪽 지방 같은 곳에서는, "날씨가 덥다"는 "해변으로 가자"보다는 오히려 "집에 있자"를 의미할 수 있을 것이다.

그러므로 토포스는 문화와 시대에 따라 상대적이다. 그 자체로서 토포스는 사회학적인 행위를 구성한다. 그럼에도 불구하고, 화용론적-의미론자들에게 있어 토포스는 여전히 논증적인 연쇄라는 언어학적 행위를 구성한다. 이런 관점에서 내재적 토포스와 외재적 토포스를 구분해야 한다. **내재적 토포스**는 어휘 단위의 의미를 설정하는 토포스이다. **외재적 토포스**는 일정한 어느 시대에 속해 있는 모든 언어가 소유하는 이념적인 저장소에서 오는 첨가된 토포스이다. 그러므로 이들은 더욱 뚜렷하게 독사를 가리키게 될 것이며, 이들 토포스가 낱말의 의미에 내재된 잠재성에서가 아니라, 단순히 낱말 그 자체에서는 추론될 수 없는 외적인 어떤 원칙에서 끌어내어지는 한 일정한 환경에서 유통중인 믿음들을 가리키게 될 것이다.

내재적 토포스는, 예를 들어 "피에르는 부자이다: 그는 이 아파트를 살 수 있다"에서 나타난다. 여기서 두번째 문장은 암시적으로 이미 '부자'라는 말에 포함된 것을 분명히 할 뿐이다: +가지고 있음, +살 수 있음. 이런 의미에서, 어떤 낱말의 의미를 안다는 것은 그 단어에 결합되어 있으며, 이 낱말이 사용될 때 소환되는 토포스를 안다는 것이다. 낱말이 언급하는 대상 이상으로 낱말을 정의하는 것은 일련의 토포스이다. 이처럼 다음과 같은 예에서, "이 아기는 부자이다"("이 노인은 부자이다"와는 반대로)는 수용될 수 있지만 이상하다고 느끼는 이유가 설명된다. 실제 P. -Y. 라카에 의해 제시된 이 예에서 '부자'는 +가지고 있음, +살 수 있음, 자신의 부를 사용할 수 있음, 마지막으로 간단히 말해 할 수 있음: 다시 말해 아기에게는 배제된 모든 가능성을 소환한다.

외재적 토포스는 사정이 전혀 다르다. 이 경우 "피에르는 부자이다: 그는 그를 돕지 않을 것이다"라는 예를 들 수 있다. 담론의 형태(+가지고 있음, -줌)는 부자의 의미에 들어 있지 않다. 그 의미는 부자들이란 인색한 사람들이며, 돈은 마음을 냉혹하게 만든다 등과 같은 일반적인 생각에서 나온다. 이런 외재적 토포스는, 앙콩브르에 의하면 속담·구호·사회 통념의 저장고에서 끌어낸다. 논증적인 연쇄를 세우기 위해 이들이 사용되는 것은 "이념적 표현을 구축하려는 목적에서이다."(앙콩브르, 1995: 57) "그는 예술가이다: 그는 살기가 힘들다"는 예술가들의 특징에 관련된 일반 공론에 근거하며, 이 문장이 의지하고 있는 일반 공론적인 표현을 강화시키는 효과가 있다.

앙콩브르는 민중의 지혜에 관심을 가지면서 토포스처럼 집단의 언어학적 의식에서 나오는 속담을 연구하게 한다. 여기서 화자는 저자가 아니다. 즉 화자는 자신의 논증적인 연쇄를 확실히 하기 위해 자신이 최초가 아닌 모든 일반적 언표들(뒤크로의 용어에서는 발화자)에 의지한다는 것이다: 예술가들은 살기가 어렵다, 창작의 영역에서 살아가는 영감을 받은 사람들은 일상적인 사소한 일들에 잘 적응하지 못한다고 말하는 것은 그 자신이 아니라 집단의 익명의 목소리이다. '사람들'의 목소리, '나'가 속해 있는 언어, 문화가 같은 공동체의 목소리가 그를 통해 말하고 있다. 언어에서의 논증은 이처럼 다음성의 관점에서 설명된다.(앙콩브르 · 뒤크로, 1983: 174-179)

스테레오형이 이루어지는 현상을 분석하는 이들에게 있어, 토포스에 관한 소위 통합화용론은 사회 통념들이 언어 안에 기재되고 의미에 참여하고 있다는 생각을 표명하자는 의도에서 나온 것이다. 사회 통념들은 꼭 필요하지는 않으면서 추가분처럼 의미의 구성 요소에 덧붙여질 수 있는 수사학적 차원의 구성 요소가 아니다. 일반 공론은 언표들의 의미와는 불가분의 관계로 나타난다. 동시에 언어의 논증성은 어떤 관점을 내세우고, 결론을 유도하고자 원하는 화자가 순수한 개인의 의식이 아니라는 것을 보여 준다. 화자는 언제나 타자의 담론, 화자의 언표들의 기반이 되는 세론에 의해 관통된다.

2
수사학과 논증적 분석

통합화용론은 언어 내에 있어서의 논증론을 발전시킨다. 이 화용론은 토포스라는 용어를 빌려 왔고, 찬동을 수반할 수 있는 담론의 전략들을 연구하는 학파, 이 점에서 매우 오래 된 학파인 **수사학**과는 다르다. 아리스토텔레스에게 있어서 수사학은 "매질문마다 생각할 수 있는 능력, 즉 적절히 설득할 수 있는 능력이다."(아리스토텔레스, 1991: 82) 수사학은 논증적 담론, 즉 언어의 특별한 사용, 설득이라는 목적을 가진 말의 사용을 다룬다. 수사학은 여러 부분으로 구성되어 있는데, 그 중에서 중요한 부분이 주제 **설정법** 또는 논증을 찾아내는 기술, **배열법** 또는 논증의 순서를 정하는 기술, 그리고 **미사 여구법** 또는 미학적 과정의 연구이다. 수사학이 여러 세기 동안 토포스, 즉 주제 설정법을 다루었던 부분을 버리고, 문체와 비유에 대한 개론이라는 형태하에서 미사 여구법으로 한정되어 온 경향이 있었음은 알려져 있다. 논증적 목적을 희생시키면서 장식적인 기능을 특히 중요시해 온 경향에도 불구하고 지금은 달라졌다. 미디어와 광고 시대가 되자, 설득하는 기술로서의 수사학은 다시 명예의 자리를 되찾는다. 어떻든간에 수사학은 체임 펄먼과 L. 올브렉스트 티테카의 선구적인 사고 (1970)를 표방하는 수많은 작업의 원인이 된다. 1950년대부터 이들의 새로운 수사학은 "동의를 구하기 위해 제시된 주장에 찬성의 마음을 불러일으키고 증가시키게 하는 담론의 기술" (1970: 5)로서 정의된 아리스토텔레스의 논증에 다시 경의를 표했다.

논증적 담론은 한정된 제도적 범주 내에서 대중에게 말해진다. 아리스토텔레스는 이 담론을 세 가지 범주로 나누었다. 즉 **자문형**(또는 정치적 담론)·**판단형**(또는 법적 담론)·**수사형**(또는 찬사·비난·추모사 같은 행사에 쓰이는 담론)이 그것이다. 바로 이 세 가지 중요 영역에서 공적인 말이 실행된다. 첫번째는 미래에 관한 결정을 하기 위해서이며, 두번째는 지나간 사실들에 관해 판단을 내리기 위해서이며, 으레 훨씬 덜 논증적인 것처럼 간주되는 세번째는 선과 미를 나타내면서 가치들을 강화하기 위해 쓰인다.

고대사회에서 설득의 수단으로서 일반에 관한 사고가 발달된 것은 바로 이런 범주 안에서이다. 어떤 순간에도 기존의 생각과 말을 사용하는 것은 가치가 떨어진 행위이거나 가치를 떨어뜨리는 행위로 간주되지 않았다. 그리고 이것은 진부함에 대한 현대적인 의식에 비추어 볼 때 이상하지만, 고대사회가 가치들에 대한 찬동에서 이들의 유효성을 이해하기 때문만이 아니라, 논증적 영역에서 평가라는 범주는 말의 **효능성**을 보장하기 때문이다. 연사가 열렬히 승복시키고자 하는 명제들에 대해 정당하게 청중의 찬동을 얻고자 한 담론이 제대로 작동되도록 보장하는 것과 관련된다. 수사학적인 전통에 충실한, 현대의 논증에 대한 분석은 스테레오형과 독사의 비하적인 면을 제대로 평가하지 못한다. 오늘날 문학 연구들이 여기서 자주 집단의 경멸적인 특징을 본다면(III장 참조) 아리스토텔레스에 영향받은 수사학은 반대로 일치점, 합의 영역을 본다. 인정된 여론과 공유된 명백함에 의지하는 일은 사실임직함을 토대로 논의를 전개하면서 믿음들을 공유시키고자 할 때부터 필요해진다.

사실상 과학적인 증명과는 반대로, 논증은 전문가적인 평가에 속하지 않고 여론의 영역에서 이루어진다. 논증은 확실한 예측, 필연적인 명백함이 제시될 수 없는 곳에서 필요하다. 다시 말해, 대립과 토론이 가능한 열려진 문제에 대해서만 논증이 이루어진다. 이런 범주 안에서 자신 고유의 법칙에 순종하며, 그 결론들은 결코 구속적이지 않는 비형식적 논리학이 전개된다. 그리고 대중은 거기에 집착하기를 고집하지 않고 항상 다시 문제삼을 수 있다. 논증이 숙고·토론·논쟁에 속한다는 사실에서, 논증은 이처럼 수긍할 수 있음(분명함이 아니라)이라는 기준을 가진 합리적 규범에 따르는 추론을 전개한다. 그런데 사실임직함은 '사실인 것 같은,' 또는 아리스토텔레스의 용어에서는 '여론을 근거로 한' 명제이다. 고전적 수사학의 토포스를 사용하는 것이 진정 의미를 가지는 것은 바로 이런 맥락에서이다.

수사학적 공론의 논증적 기능을 살펴볼 때, 이런 주제는 많은 대중을 대상으로 하는 설득력 있는 담론을 연구한 아리스토텔레스의 《수사학》에서 다루어지고 있는 동시에 단 한 사람의 청자와 함께 문답법이나 토론에 대해 살펴보는 《토피카》에서 다루어지고 있음을 기억해야 한다.(I장 참조) 아리스토텔레스 자신의 수많은 설명은 이 두 작품과 두 학문 사이에 세워진 관계, 《수사학》의 설명들(《수사학》은 저자의 다른 생각들과 관련된 결정적이지 않는 주석을 포함하고 있다)간의 주목할 만한 불일치들을 보여 준다. 특히 토포스에 대한 아리스토텔레스의 분류 원칙들은 문제가 제기되며, 다각도로 의미를 명확히 하고 재분배하는 일이 일어나는 원인이 되었다. 여기서는 단일화된 어떤 이상적인 분류학을 찾기보다는, 스테레오형과 독사의 문제에 직접 관련된 토포스의 양상을 전적으로 다루게 될 것이다. 이것은 일반 공론과 특수 논리의 차이를 논증과의 관계에서 구분하는 것과 관련된다.(I장, 26쪽 참조)

아리스토텔레스가 모든 논증 장르에 공통된 논리와, 장르에 따라 다른 특수한 논리들——자문형·판단형·수사형——이 있다고 본다는 점을 주지하자. 일반 공론(topoi koinoi)이라고 불리는 첫번째 경우는 추상적인 논리 도식, 논증의 원칙이나 규칙들을 말한다: "이 논리는…… 여러 주제들에 대한 연설의 많은 추론들이 서로 만나는 곳이어야 한다……. 이들은 논증의 방법들이고, 무엇보다도 논리적이지만, 담론의 실행과는 불가분의 관계에 있는 체계의 방법들이다."(몰리니에, 1992: 191) "일반 공론들은 전적으로 스테레오형이 아니라 오히려 형식을 중시하는 논리이며"(바르트, 1970: 311) "실질적인 추론으로 바뀔 수 있는 최초의 도식들이다."(앙주노, 1982: 162) 일반적으로 아리스토텔레스에게서 논거의 세 가지 중요 범주, 즉 가능과 불가능, 존재와 비존재, 최대와 최소라는 범주를 다시 찾아내는 데 일치되고 있다. 이처럼 최소가 있다면 최대도 있는 것이다. 예를 들어 가장 있을 법하지 않는 일이 일어난다면, 가장 있을 법한 일이 일어날 수도 있다고 사람들은 간주할 수 있다. 이런 추상적인 논리는 구체적인 명제들을 무한히 만들어 낼 수 있는 토대가 된다. 그 중에서 다음과 같은 예들을 들 수 있다: 1) "그가 자기 아버지까지 때렸다면, 자신의 이웃도 분명히 때렸을 것이다."(아리스토텔레스, 1991: 23) ; 2) 그가 어려운 시험을 통과했다면, 쉽다고 평가된 시험은 통과할 수 있을 것이다; 3) 그가 멀리 있는 친척 한 분을 헌신적으로 보살폈다면, 그는 자신의 늙은 어머니를 보살필 것이다 등등. 다른 일반 공론으로, 이번에는 가능한 것과 불가능한 것의 관계를 보자. 역이란 것이 있고, 또는 있었다는 것이 가능하다면, 그것의 역 또한 가능해 보일 것이다. 예를 들어 어떤 남자가 병이 낫는 것이 가능하다면, 그가 병이 나는 것도 가능하다.

그러므로 일반 공론은 명제들의 내용을 근거로 논리를 정립하는 것이 아니라, "구성 요소들간의 전제된 **관계**"(아버지를 때리는 것-이웃을 때리는 것, 병이 낫는 것-병이 나는 것)와 "관계를 나타내는 어떤 구조가 존재함"(이것의 명제는 1·2와 3이 똑같은 토포스의 현동화인 것처럼 가능한 수많은 현동화 중의 하나일 뿐이다)을 근거로 논리를 정립한다는 것을 알 수 있다.(앙주노, 1982: 162) 라틴 고대에서부터 일반 공론들이,

연설자가 마땅히 끌어내어 써야 했던 상투적 논증의 집합체로 설명되었다는 것은 오해의 결과이다.(I장, 26쪽 참조) 사실상 이런 레퍼토리의 역할을 하는 것은 오히려 아리스토텔레스의 특수한 논리이거나 특정 장르, 정해진 주체와 관련된 논리이다. 그런 예들을 보도록 하자.

수사형의 중심인 미를 다루면서, 아리스토텔레스는 자신의 개성을 고려하지 않고 자신의 조국을 위해 이룬 일들을 아름다운 것으로 간주한다.(1991: 131) "어떤 천박한 직업에 종사하지 않는다는 것도 아름답다; 다른 사람에게 고용되어 살지 않는 것이 자유로운 사람의 특성이기 때문이다"라고 그는 주장한다.(1991: 33) 특수하거나 특이하기까지 한 이런 논리들은, 인용된 예들이 그 점을 잘 보여 주듯이 여론·집단의 '사회 통념'과 일치한다. 즉 조국 또는 자유의 개념과 다시 연결되는 믿음과 가치에 관한 것이다. 아리스토텔레스에게 있어서, 특수한 논리들의 일반 공론적 특성은 이런 논리들이 수긍될 수 있음을 전제한다: 그는 이들 특수한 논리들의 사회·역사적인 특징이나 상대성에 대해서도 말하지 않는다. 아리스토텔레스를 이어받은 전통 속에서 특수한 논리는 모두를 포함하는 총칭적인 전제 역할을 하며, 이를 바탕으로 추론이 전개될 수 있다. "논증에 관한 한 한 공동체에서 사용되는 모든 특수한 토포스가 이 공동체의 가설 체계와 사실임직함의 체계를 형성할지라도," 이런 특수한 논리가 여론과 같다고 생각할 수 있는 것은 오로지 현대적인 관점에서이다.(에그스, 1994: 33)

그러므로 논리적 담론의 영역(최대가 있다면 또한 최소도 있다)에 속하는 일반 공론과, 독사(사심 없이 조국에 봉사하는 것은 훌륭한 일이다)와 유사한 특수한 논리를 구분할 수 있다. 그렇지만 몇몇 현대적 작업들은, 아리스토텔레스에 의한 일반 공론은 추상적 논리 도식이며, 그의 구체적인 예시들은 필연적으로 시대에 뒤떨어진 믿음들이라는 것을 밝히고 있다. 그 때부터 논증의 가용성은 이것의 기반이 되는 논리적 도식, 또는 일반 공론의 유효성에 의존할 뿐만 아니라 명제들의 내용 평가에도 달려 있다. 이처럼 최대와 최소의 논리——가치를 더 많이 가진 것은 가치를 덜 가진 것보다 우월하다——는 다음과 같은 경우 더 분명히 표명된다: "미덕과 행동은 천성적으로 가치를 더 많이 가진 사람에게서 나올 때 더욱 훌륭하다." 그런데 아리스토텔레스에 의해 제공된 구체적인 예는 다음과 같다: 남자의 미덕과 행동은 여자의 미덕과 행동보다 더 가치가 높다.(아리스토텔레스, 1991: 132) 질 드클레르크는 정확하게 양의 논리를 수사형에 적용한 이 경우에, "논리의 특수화에서 보이는 이념적 구성 요소는 그 내용이 현대 서구의 이념에서 벗어날수록 더욱 뚜렷이 드러난다"라는 것을 밝히고 있다.(1992: 96) 그렇지만 이런 이념적 차원은 일반 공론——최대와 최소 논리가 적용된 변이형——이 아니라 추상적인 도식을 완성시킬 명제들의 내용에서 드러난다.

고대 수사학에서 일반 공론·특수 논리·독사에 대한 이런 관찰은, 아리스토텔레스에 대해 에그스(1994)가 분석한 구분들을 통해 결론지을 수 있을 것이다. 1870년 이후 애국적인 복수의 정신으로 1908년의 데룰레드가 행한 연설을 예로 시작하자. 그는 여기서 "예전에 이웃 나라들의 자유 독립을 위해 그렇게도 미친 듯이 피를 흘렸으며, 마침내 자신의 자유를 위해 유익하게 피를 흘릴 준비가 되었음을 자부하는 우리의 프랑스"를 찬양하고 있다. 이 텍스트는 최대와 최소의 논리라는 기반으로 세워져 있다. 즉 최소를 할 수 있는 자는 최대도 할 수 있다는 것이다. 또는 최소한의 유익한 일을 했던 자는 또한 최대한으로 해야만 한다는 것을 말하고 있다. 이런 것이 언표의 밑에 깔려 있는 일반 공론이다. 구체적으로 보면 이렇다: 다른 나라들의 자유를 위해 싸웠던 프랑스는 더욱 당연히 자신의 자유를 위해 싸워야 한다는 것이다. 이 구체화는 논리적 도식 위에 세워졌을 뿐만 아니라 특수한 토포스 위에도 세워져 있다. 생명을 걸고 자유를 수호해야 하고, 다른 나라들의 자유를 보호하기 전에 자기 나라의 자유를 보호하도록 애써야 한다는 것이다. 이런 일반 공론 또는 여론은 우리가 대체로 '사회 통념'이라고 보는 것과 일치하며, 이들이 자주 간접적인 방식으로 표현되고 있다는 점을 주의하자. 이들을 이끌어내려면 논증적 담론에서 추론해야 한다. 이런 논리들이 암시적이든 명백하든, 논증적 말의 효능성을 결정하는 일치점 (또는 불일치점)을 설정하고 있다.

이처럼 스테레오형은 논증이 효과적으로 작동하기에 필수적인 것으로 나타난다. 즉 다양한 형태를 가지면서 스테레오형은 설득을 목적으로 한 모든 담론의 토대가 된다. 그렇지만 현대적인 관점에서 볼 때, 아리스토텔레스적인 주장으로는 더 이상 충분하지 않다. 실제 수사학적 분석은, 스테레오형들이 사회적이며 이념적으로 표현(사회 통념, 공유된 명백한 사실, 스테레오형)될 뿐만 아니라 언어학적으로 표현되고, 언어 안에 기재되는 과정(화용론적 토포스)에서 논증을 구성하는 일반 공론적 요소들을 다시 찾아내고자 한다. 이처럼 수사학적 분석은 화용론(IV장 1 참조)과 만나면서 언술 행위의 사회·역사적인 맥락에 주의를 기울이는 연구로 새로이 나아간다.

이러한 분석 관점들의 선구자적인 작업은 마르크 앙주노의 《풍자문》(1982)에 의해 시작되었다. 앙주노는 이 책에서 풍자문의 담론이 어떻게 언어 속에 기재된 그대로의 전제들에 기초를 두는 동시에, '이념적 격언들' 또는 '이념소'(III장, 110-112쪽 참조)에 의해 정해지는 "한 사회 고유의 문화적이며 역사적인 변이형들"로 이해되는 공론에 기초를 두는가를 밝히고 있다.(1982: 177) 이런 방향 속에서, 뤼스 아모시의 최근 작업들은 논증적 진행 상황에 개입하는 스테레오형의 요소들에 한하여 논하고자 한다. 그녀에 의하면 "진실에 입각하기 위해 담론이 의존하는 상투적 문화 도식들과 공동체의 수용된 의견들"(아모시, 1994: 31)의 기능을 분석할 수 있으려면, 이들을 계열별로 분류해야 한다. 그래서 그녀는 세계대전중에 발표된 로맹 롤랑의 평화주의 텍스트를 분석하기 위해, 또는 브뤼노 메그레와 함께 이민자들이라는 주제로 텔레비전에서 토론된 것을 분석하기 위해 전제 사항, 아리스토텔레스식의 일반 공론·사회 통념·스테레오형을 구분한다.(1994: 33; 굴레, 1994: 47-54) 한편 장 미셸 아당과 마르크 보놈(1997)은 《찬사와 설득의 수사학》이라는 범주에서 광고를 분석하는데, 합의를 본 공간으로서의 독사의 개념뿐만 아니라 화용론에 의해 발달된 **토포스**를 바탕으로 광고 담론에 대한 체계적인 논증적 분석이 이루어진다. 모든 단계에서 이루어지는 스테레오화 과정을 활용하는 논증의 전략을 끌어내는 이런 자료집 분석들은 담론 분석의 몇몇 관점들과 다시 결합되고, 때때로 분명하게 이들을 표방한다.

3
스테레오형과 담론 분석

프랑스 담론 분석학파

프랑스에서 1960년대말에 시작된 담론 분석은 스테레오형에 대해 거의 관심을 두지 않았다. 그럼에도 담론 분석은 이 연구에 적합한 이론적 범주를 구축했다. 현재 담론 분석이 다양하게 연구되고 있는 가운데(맹그노, 1995와 1996: 11과 43 참조) 담론 분석은 주체가 의미의 근원이 아니며, "담론이란 정해진 맥락 속에 기재된 주체의 활동"(맹그노, 1996: 28)이라는 스테레오형에 관한 몇몇 이론적 전제 사항들에 의해 특징지어진다. 이런 점은 언어학과 사회학, 담화와 상호 담화간의 연관을 고려하며, 담화를 지배하는 총칭적이며 제도적인 제약들을 고려한다. 이런 관점에서 어휘들의 의미는 이 어휘들이 기재되어 있는 맥락(통사론적·언술적·총칭적 맥락: 잡보 기사·강연·사설 등과 같은 장르)과 분리될 수 없으며, 사회·역사적이며 제도적인 장에 속한 화자들의 위치와도 분리될 수 없다.

이런 관점에서, 1970년대 미셀 페쇠의 담론 분석에 도입된

미리 구성되어진 것의 개념은 이론적으로 중요하게 공헌함에
도, 스테레오형 연구에서 충분히 사용되었다고는 보이지 않는
다. 페쇠는 P. 앙리의 작업들을 언급하면서 "이전에 외부적인
구성을 가리키는 것으로, 어쨌든 언표에 의해 '구성된' 것과
는 대조적으로 독립적인 구성을 가리키는 것"이라고 이 개념
을 정의한다.(페쇠, 1975: 88-89) 미리 구성되어진 것은, "**마치
이 요소가 이미 거기에 있었던 것처럼**" 하나의 요소를 표현
하는 명사화(깃발의 부름)나 형용사적 구성(화려한 재규어)과
같은, 이전의 술어 기능으로 인한 효과와 같은 통사론의 삽입
형태와 언어학적으로 일치한다. 통사론적 관계에서 '미리 구
성되어 있었던' 판단은 담론보다 먼저 있던 요소로 발화 주체
에 의해 단언되지도, 토론에 회부되지도 않은 요소로, 이 담론
의 기원은 잊혀진 상태이다. 이와 같이 파트릭 세리오는 러시
아 정치 담론에서 명사화('노동자 계급에서의 복지의 증대'와
같은)를 연구했고, 이런 표현 방식들이 모든 주체에 속해 있
는 변치 않는 명백한 사실처럼 단언되는 것과 같은 효과를 발
휘함을 설명했다. 즉 표면상의 과학적인 객관성은 '정당화에
필요한 논쟁'[17]을 은폐한다. 이것은 저자로 하여금 '상투적 정
치구호'를 다시 정의하도록 이끈다. 이 저자에 의하면, 상투적
정치구호는 "허구를 단정하기"보다 "미리 구성되어진 대상들
간의 단순한 관계들을 단정하는" 특성이 있다.(상투적 정치구
호에 대해서는 IV장 4 참조) 더 보편적으로 말해, 미리 구성되
어진 것은 언어학적 화용론의 의도적인 이상적 주체가 아닌,
미리 단언되어진 것으로 단언하도록 통제하는 언어에 사로잡

힌 주체의 개념에서 나온다. 스테레오형은 이처럼 미리 구성되어진 것에 이중으로 지배받는다. 즉 미리 구성되어진 것이 미리 단언되어진 것을 통사적으로 실행시키는 일종의 통사적 구성을 가리킨다는 의미에서, 그리고 더 넓은 의미에서, 미리 구성되어진 것은 개인의 언표에서 근원을 알 수 없는 이전의 담론과 판단의 자취를 통해 이해되어진다는 의미에서이다.(에르슈베르 피에로, 1980) 그 역사를 알 수 없어도 명백한 사실로 인정받는 스테레오형은 백과 사전의 문장들처럼, "문장들이 생산되었던 배경인 지식을 없앤 결과"인 '집적적인 진실'이라는 효과를 잘 보여 준다.(프라댕과 마랑댕, 1979: 82)

초기에 페쇠를 중심으로 발달되었던 프랑스 담론 분석학파는 스테레오형에 대한 사고를 풍부하게 발전시키는 일련의 연구들을 내놓았다. 정치 담론을 중심 과제로 삼은 이 연구들은 정치 담론의 기조가 되는 이념을 밝히고자 했다. 그러기 위해 역사학자는 제한된 자료——예를 들어 1793년 7월 14일과 9월 6일 사이의 《페르뒤셴》의 사설들——를 사용하면서 언어학에서 빌려 온 분석 과정들을 적용했다. 여러 분석들 중에서, 상퀼로트[대혁명시 과격 공화파의 별명] 어휘소가 다른 어휘소와 같이 사용된 경우를 통계적으로 연구한 분석이 채택되었다. (동반된 어휘소들: 가난한, 누더기를 걸친, 비참한, 불행한; 노동자: 고달픈 사람들, 근로 시민들, 일하는 자라는 의미에서의 노동자가 있다.)(기요무·말디디에·프로스트·로뱅, 1973: 91) 두번째 어휘 그룹은 정치적 반향을 가진 어휘들로 구성된다. 예를 들어 훌륭한 시민들 또는 공화당원들, 애국자들, 자유를 사랑하는 사람들이 있다. 이 그룹은 서민과 자코뱅당을 가리킨다. 담론분석가들은 상퀼로트에 대한 개념의 장을 정의하는 동사망, 즉 혁명을 하다, 반대 세력에 대항하다 등도 또한 조사하고 있다. 어휘의 연구는 동반 출현을 점검하고 횟수를 고려하며, 이와 같이 해서 《페르뒤셴》이 상퀼로트에 대해 형성하고 있었던 이미지를 끌어내게 한다. 이 이미지는 이어 혁명기의 산악당 의원들과, 특히 로베스피에르와 생 쥐스트가 제시하는 상퀼로트의 표현과 대조되어진다. 어휘 분석은 비록 스테레오형의 개념이 지금 시대의 담론분석가가 사용하는 개념과는 다를지라도, 프랑스 혁명의 이념적 목적을 평가하기 위해 이 담론(주제와 주제에 당연히 따라 나오는 속사들)에서 스테레오형을 밝혀 준다고 고려할 수 있다.

《언어와 이념》(1973)에서, 14-18년의 왕년의 투사들이 정치가들을 향한, '거의 무의식적인 태도'를 밝히고자 한 앙투안 프로스트의 연구를 볼 수 있다. 정치적, 시민의, 당, 당원, 정치가와 같은 용어로 한정된 진술들의 자료집은 양차 대전에 참가한 퇴역 군인들의 간행물을 통해 다시 쓰여진다. '정치가'(politicien: 'homme politique'와는 대립적이며, 그 자체 비하적인 의미를 가짐)를 반복적으로 수식하는 말들은 다음과 같다: 교활한, 부정직한, 이기주의적, 야심찬, 사욕을 챙기는, 늙어빠진, 착취자. 예전의 투사들은 정치가 세계의 바깥, 그 너머에 자리잡고서 도덕적으로 우월함을 내세운다. 이들은 참호전쟁에서 겪은 형제애의 경험과 민족적 유대감의 인식을 고집한다. 프로스트는 정치가와 예전의 투사에 대한 이중적 표현을, 권력에서 멀어진 중산 계급이 처한 정치적 상황에 대한 규탄으로 해석하고 있다. 프로스트가 정치 신화의 어휘를 사용한 편이라면, 레진 로뱅은 제3공화정의 역사 교과서 분석에서 공화파의 스테레오형에 대해 명백히 말하고 있다. 이 스테레오형은 공화국과 조국·진보·프랑스 혁명의 결합을 보여 준다. 이들 초등학교 교과서들에서 이루어지는 스테레오화 과정은, "어떤 문채 또는 상투적 이미지들"로 해석된 공화파의 상징 체계의 영향과, 이런 상징 체계가 1914년의 노동자들의 애국적인 결집에 미친 역할을 설명할 수 있다는 데서 중요하다.(로뱅, 1981)

담론과 고문서

"현행 자료에 의거해 어휘 그룹을 밝히는 것"(기요무·말디디에·로뱅, 1994: 200)은 담론분석가들에게는 오래지 않아 불충분한 것으로 보일 것이다. 한정된 자료(《페르뒤셴》의 사설들, 퇴역 군인들의 언론 매체에 나타난 한정된 진술들……)로 구성하면서 이들은 사실상 대다수의 고문서들을 제외시킨다. 비록 이들이 이런 고문서들을 텍스트를 생산시키는 환경에 포함해서 고려할지라도, 솔직히 말해 분석에는 포함시키지 않는다. 바로 그런 이유에서, 역사적 담론 분석의 최종 작업들은 역사학자들에 의해 지금껏 열거된 일련의 인쇄된 텍스트들을 연구하는 것으로는 그치지 않을 것이다. 이들은 고문서의 다양성을 고려할 것이다. 이처럼 자크 기요무는 프랑스 혁명에 대해 연구하면서, 혁명기의 담론에 나타난 '빵과 x'의 조합에 관해 연구하기로 하며, 이런 조합이 신문·팜플렛·책·포스터 등뿐만 아니라 의회 조서, 편지, 청원서와 탄원서, 경찰의 심문 조서와 같은 수사본의 인쇄 매체에 나타나는 그대로 보고자 한다. 기요무는 무엇보다도 다양한 형식에서 빵의 주제가 자유의 주제(단지 생계 요구라는 것에 대한 애국자들의 적대감을 강조하면서)와 조합되는 주제를 탐구한다. 이런 주제의 반복은, '빵과 칼'이라는 또 다른 상투적 조합과 함께 1793년부터 공존하는 '빵과 자유'의 표현 속에 자리잡게 된다. 이와 같이 이 담론분석가는 조합의 경우를 주로 검토한 고문서 연구에다, 한정된 자료들 속에 나타난 고정된 표현에 대한 언어학적 분석을 첨가한다. 이런 방식은 해석을 중요시한다. 이 방식을 통해 자유가 '미리 구성되어진 가치, 기성화된 가치, 행동 지침('빵과 칼')의 지평선에 자리잡은 가치'가 되었을 때, 쟁취해야 할 원칙으로서의 자유에서 보존해야 할 권리로서의 자유로 변하는 담론상의 행보에 나타난 의미가 설명된다.(1994: 104)

요즘음 담론 분석의 개념은 초기에 페쇠를 중심으로 형성되고, 이어 기요무의 작업들로 발전될 수 있었던 그대로 여기에 간단히 소개된 프랑스학파의 접근 방식을 넘어 아주 넓은 의미로 확장되어 쓰인다. 역사적 또는 정치적 담론에 집중된 관심은 옳건 그르건 자주 이런 명칭의 혜택을 누린다. 다른 한편 소위 '문화'에 대한 이야기는 어느 한 시대의 담론을,

담론 분석이라고 내세우지 않더라도 합법적인 탐구 대상으로 변화시킨다. 일정 시기의 표현들을 끌어내고자 하면서, 무엇보다도 먼저 이 표현들의 정확성의 문제를 역사학자들은 더 이상 제기하지 않는다. 예를 들어 14-18년의 전쟁 문화에서 어린이-영웅의 이미지는 무척 의심스러운 진실성을 가지고 있다. 그렇다고 해도 이 이미지가 젊은이들을 대상으로 한 선전의 초점이 되었다는 것은 틀림없다. 그리고 차후 진정한 연구 대상이 된 것은 사실에 근거를 둔 유일한 지시 대상이 아니라 "선전이 진실처럼 제시한 것"이다.[18] 오두앵 루조의 《어린이들의 전쟁. 문화사》는, 학교의 담론과 어린이 언론 매체의 담론에서 이끌어 낸 상투적 표현인 "집단적…… 표현의 사회사"[19]이다. 저자는 이 연구를 위해 언어학적 방식이 아니라 오히려 문학 연구에서 적용되어 온 독서의 형성에 속하는 방식을 사용한다.(III장 참조)

언론 매체의 담론

현대 언론의 분석은 표현들의 기능·목적·영향력을 이해하기 위해 광범위한 자료들에서부터 출발해, 시대의 상상계에 속하는 어떤 집단적 표현들을 이끌어 내기 위해서도 고심한다. 여기에서도 어휘의 빈도수, 언술 행위가 일어나는 상황, 간단히 말해 담론이 언어학적으로 정착하는 과정에 대한 연구를 근거로 담론을 분석하는 동시에, 있는 그대로의 언어 장치들에 더욱 관심을 갖는 작업들을 볼 수 있다. 첫번째 범주는, 잡지 《말》(1994)에 실린 장 폴 오노레의 글에 잘 드러나 있다. 저자는 현대 프랑스 언론(1980-1993)에 확립되고 있는 일본에 관한 표현 체제의 내면적 논리에 관해 자문한다. 그는 여기에서 동시적인 어휘의 두 집단, 하나는 긍정적이고 다른 하나는 부정적인 집단이 서로 대칭을 이루는 것을 설명하기 위해 의도적으로 스테레오형의 개념을 사용한다. 한쪽에서는 정열, 조화 정신성, 명예, 부드러움, 미의식, 전통을 존중하면서도 혁신적인 면이 나타난다면, 다른 한쪽에는 폭력성, 순응주의, 비교, 개인의 소외, 이중성격, 꾸민 태도, 고대 모방주의, 문화적 동질성의 상실면이 나타난다.

대칭적으로 반대되는 2개의 표현들(이 표현들은 일본의 모순적인 성질의 탓으로 돌려진다)은, 분석자가 열심히 분석에 적용시킨 논리 덕분에 공존하고 있다. 이 분석가는 이어 일본에 우호적인 스테레오형과 혐오적인 스테레오형이 현실에서 같은 기능을 수행하고 있다는 것을 보여 주면서, 이들간의 뜻밖의 상보성을 설명하고자 한다. 즉 프랑스 언론의 현대적 담론을 타자를 거부하는 장치로 변형시키면서, 일본의 힘에 대한 강박관념을 쫓는 것과 같은 기능을 수행한다는 것이다.

두번째 범주에서, 캐나다 언론이 부자로 성공한 사람들의 이야기를 다루고 있지만, 이들의 치부 방식에 대해서는 명확히 언급하지 않음을 분석한 파트릭 앵베르[20]를 예로 들 수 있다. 앵베르는 여기에서 "일을 통해 백만장자가 된 가난한 어린이의 이야기라는, 잠재되어 있으나 모든 사람들이 알고 있는 클

리셰의 곡언적 행위"를 밝힌다: "이 행위는 낮기 때문에 그
만큼 더욱 권위가 있는 목소리로 신화적이며 마술적인 해결,
즉 긍정적이고 낙천적인 태도를 갖추고, 모든 사람들이 필사
적으로 일에 몰두한 결과 처음 계획대로 이루어 낸 일을 이야
기한다."(1989: 153) 1970년대초, 뒤 그룹[21]에 의해《파리마치》
의 주인공들의 '일생'의 신화가 벗겨진 것을 상기시키는 스
테레오형과 클리셰의 폭로가 여기에서 보이고 있다. 이런 일
생의 이야기는 "아주 상투적인 형태,《파리마치》를 통해 스스
로 그렇다고 생각하도록 이끌면서 독자의 생각을 굳히게 하
는 형태를 취한다."(《코뮈니카시옹》, 1970: 165) 개별적인 삶들
은 실제 다음과 같은 똑같은 과정을 특수화한다: 이들 삶들은
소명에 대한 이야기(젊어서부터 자신이 되고자 원했던 대로 벌
써 되어 있다), 또는 소환(어떤 기적 같은 중재로 그 점이 저절
로 밝혀진다)에서부터 최고가 되는 것과 같은 어떤 분명한 목
적을 향한 팽팽한 의지를 보여 준다. 그 다음은 동일한 반복의
도움으로 승리를 향해 올라가는 것이다.

　언론에 대한 최근의 다른 연구들은《파리마치》가 스테레오
형의 활용을 통해, '감동적인 이미지와 클리셰'를 사용함으로
써 감동 유발을 목표로 한 '정보와 동시에 흥행물'을 제공하
는 데 성공하는지를 보여 주고자 한다. 하나의 사건——벨기
에 보두앵 왕의 서거 같은——은 일련의 중세적인 스테레오
형, 즉 "계승, 여인들의 영향, 시복식(諡福式)에 대한 풍문, 지
역분쟁의 위협, 성당 기사(騎士) 시대와 같은 연애 사건들, 거
지여자의 저주"[22]에서부터 제시된다.《파리마치》가 중세 소설

에 몰두한다면, 그것은 정확한 정보보다 "흥행물의 매력과 허구의 스테레오형들을 더 찾는 대중의 기대에 부응하기 때문이다."

정치 담론 분석

프랑스 담론 분석학파와 마찬가지로 《말》지의 작업들이 표방하는 어휘 빈도수 연구에 자주 의지해 왔던 정치 담론 분석은, 반드시 언어학적 관점에 속하지는 않는 과정도 채택하고 있다. 어떤 정치학자들은 한 고정된 문화적 도식이 일부 상황에서는 논증적 잠재력을 가진 점을 평가하면서 이 도식을 끌어내고자 한다. 이처럼 피에르 앙드레 타기에프는, 나치의 집단 수용소에 있는 가스실의 존재를 부정하는 담론(자칭 '수정주의'라고 하는)이 어떻게 나름대로 금융·언론·정치계에서 막강한 힘을 가진 유대인에 대한 반유대주의적인 스테레오형을 다시 취하는지를 보여 준다. 포리송을 인용하면서, 그는 수정주의 담론에서 셀린(《학살을 위한 수작들》)에 의해 예시된 1930년대의 반유대주의 입장들과 현대의 반시온주의 입장들간의 계통 관계를 보여 준다: "1936년의 절대 권력을 가진 유대인들은 '시온주의자들'이 되었다. 그리고 수정주의자들이 피하고자 하는 것은 차후의 제3차 세계대전이다."(1989: 17) 이와 같은 스테레오형들은 '유대인 정부의 얼굴(오늘날: S. 베유, L. 파비우스, R. 바댕테르 등), 또는 유대인 미디어의 얼굴(Y. 르바이, A. 생클레르, J. -F. 칸, J. -P. 엘카박 등)을 취하는 지배자 유대인"이라고 규탄하는 인민 전선의 담론에서 다시 발견되고 있다.(1989: 43) 이러한 상투적 문식은, 프랑스의 정체성에 혼란을 일으킬 수 있는 모든 요소들을 배제한 채, 민족적이며 기독교적인 정체성과 동일시하는 논쟁적인 민족주의 담론에 의해 활용되어진다. 바로 여기에 앞에서 제시된 논증적인 관점이 결합되어진다.(⟨수사학과 논증적 분석⟩ 참조)

담론에서 형성되는 스테레오화의 요소들이 대중들이 이미 수천 번씩 들어 외울 정도가 되도록 꾸준히 반복되는 선전 담론을 굳건하게 만들 때, 이들 요소들의 기능이 바뀔 수 있다. 이런 관점에서 마르크 앙주노는 사회주의 선전과 1889년과 1914년 동안의 사회주의 선전의 어법들에 대해 심층적으로 조사한다. 그에 의하면 노동 운동은 "상투적인 문구, 투사들에게 같은 어법을 통해 행복한 동조를 이끌어 내는 기계적 언어 행위를 너무 일찍 발전시켰다."(1997: 257) 스테레오형은 일치의 영역으로 쓰였을 뿐만 아니라, 노동자들이 일상적으로 쓰는 미숙한 언어를 없애는 반언어 활동을 만들어 내는 데 일조했다. 앙주노는 여기서 "집단의 정체성에 기여하는 언어적 접근"을 본다. 붉은 깃발이 스테레오화된 것을 연구하면서, 다음과 같은 상투적 표현들을 찾아낸다: 일치를 위해 "깃발을 중심으로 또는 깃발의 주름 아래에 뭉칠 것"; 행동하고 요구하기 위해 "혁명의 깃발을 들 것, 사회 주장의 깃발을 높이 단단히 들 것"; 진정한 사회주의자들의 단결을 위해 "깃발에 충성스러운 힘의 집결." 비난되지 않으면서 매혹과 결집의 가치가 강조된 이런 스테레오형에서, 오늘날 "상투적인 정치 선전 구호"라고 비난되는 것이 싹트고 있음을 알 수 있다.

4

상투적 정치 선전 구호

사실상 스테레오형들은 이런 '상투적 정치 선전 구호(langue de bois)'〔원의미는 '나무로 된 언어, 솔직하지 않은 말'〕와 자주 연결된다. 정확히 이런 표현은 무엇을 의미하는가?

카르망 피네라와 모리스 투르니에(1989)의 연구에 의하면, 이런 표현은 1980년대초 프랑스 언론에 대거 나타나는 것 같으며, 이미 이런 유형에 대한 은유적인 표현이 프랑스어에도 있었지만, 1970년대중에 폴란드에 의해 수입된 것으로 보인다.(《말》, 1989: 6) 이 표현이 폴란드어에서 왔다는 가설(이 표현은 오웰의 《1984년》에 나오는 Newspeak와, 이 말을 모방한 Nowomowa와 대체로 비슷한 Dretwa mowa라는 표현을 번역한 것임)은, 바르샤바와 크라쿠프 대학들에서 1978년과 1981년에 솔리다르노스크에 의해 주도된 여러 세미나와 심포지엄에서 행해진 토론들과 이 표현을 결부시킨다. 그러므로 이 표현은 정치적 언어에서 사용되고, 폴란드뿐만 아니라 구소련·구소련 공산당·인민민주주의·PCF와도 관련된다.(《말》, 1989: 9) 1982년의 《라루스 소사전》은 이 표현을 "몇몇 공산당과 공산당이 권력을 쥐고 있는 여러 국가들의 미디어에 의해 스테레오화된 어법"으로 정의한다. 그러나 이 표현은 "스테레오형들과 상투적인 형식들을 사용하면서, 고정된 방식으로 표현되는 모든 방식"(1984년의《라루스 대백과 사전》)을 칭하면서 더욱 넓게 빨리 확산된다.(《말》, 1989: 9)

피네라와 투르니에는 1988년의 언론 자료를 연구하면서, 이 '상투적 정치 선전 구호'에 상식 밖으로 너무 모호한 윤곽을 적용하려고 했다. 첫번째 사용 유형은, 이 어법을 공식어라는 생각과 권력 당사자(정치 수뇌부·언론계·비평계)의 부류로 본다. 두번째 의미는 이해 부족의 개념을 가리킨다. 상투적 정치 선전 구호는 일상어와 단절된, 그리고 "상대방의 이야기는 들으려 하지 않는 사람들끼리의 대화"를 형성하면서 대화를 금하는 '반언어 활동'으로 제시된다.(A. 제프루아) 협력 관계는 또한 인위적인 정치적 수사학과, 부동의 논증과 함께 만들어진다. 세번째 사용 유형은, 상투적 정치 선전 구호를 "어떤 환경 특유의 스테레오화된 표현들, 슬로건, 되풀이되는 행동 지침, 시청각적인 클리셰"로 규정짓는다.(피네라-투르니에 in 《말》, 1989: 14) 이런 표현을 사용하는 세 가지 방식은 공산주의 담론의 비평에서 다시 보여지며, 비평의 지시 대상은 "구소련 또는 구소련을 지지하는 상투적 정치 선전 구호"이다. 그러나 그것을 넘어서 상투적 정치 선전 구호는 "권력의 담론으로, 상투적 양식들이 마비시키는 뉘앙스와 중재가 전적으로 결핍된 수사학적 경직성"을 가리킨다.(피네라-투르니에 in 《말》, 1989: 15)

상투적 정치 선전 구호를 수식하는 말들은 비하적이고 은유적이다. (어떤 비정상적인 상태에 대항하는 투쟁의 이미지, 경직성의 이미지: 은폐물, 시멘트, 또는 의고주의: 시대에 뒤떨어진 담론, 구석기 시대 같은 담론.) 부정적 맥락에서 **상투적 정치 선전 구호**라는 표현에 의지하는 것은 논쟁을 피하게 만드는 공격적인 무기가 된다. 피네라와 투르니에는 풍자적인 담론에서 사용될 때는 그 자체 '나무'의 가치를 끌어낸다고 강조한다. (《말》, 1989: 16)

상투적 정치 선전 구호의 반대말은 마찬가지로 불투명하다. 즉 "진실을 말하다" 또는 즉석에서 만들어진 언어, 유머, 외설적인 언어만큼 다양한 반대어 앞에서 **상투적 정치 선전 구호**는 "모든 종류의 사회적 소통을 정지시키는 요인과 일치한다." (《말》, 1989: 17) 이 언어는 "권력을 장악한 자들의 언어이다." "동부 국가들의 담론 모델이 와해되었을 때에도, 이처럼 정치적 언어는 이 모델이 확장된 것으로 간주된다. 그 뒤를 이어 자칭 공식적이라는 모든 언어들이 뒤따른다"라고 피네라와 투르니에는 강조한다.(피네라-투르니에 in 《말》, 1989: 17-18)

결국 이념적이며 논쟁적인 상투적 정치 선전 구호는 모호한 대상으로 나타난다. 이 언어는 풍자적인 점들이 특징인 일종의 수사학으로 파악되는 편이다: "나무는 언어 안에 들어 있는 것이 아니라, 사람들이 드러내 놓고 사용하는 데에 들어 있다."(《말》, 1989: 18) 이것은 해독해야 하는 은어, 규범화된, 냉정한, 청중을 고려하지 않는 기술적 언어와 같다고 본다. 이 언어는 다른 한편 스테레오화된 언어, 반복되는 모든 발전에 뒤떨어진 언어, 뿌리 없는, 시간을 초월한 기도문으로 인식된다. 이 언어는 결국 선전을 위해 진실에 역행하는 항변의 여지가 없는 언어로서 밝혀진다. 이 언어의 본질을 정의하기보다, 피네라와 투르니에는 처음부터 정치적 언어로 규정되었었던 langue de bois라는 표현 자체가 담론의 실패를 보여 주는 기호가 된 것이 아닐까 자문한다.

결론

사회과학·문학 연구·언어과학을 살펴보는 동안, 심사숙고된 개념들은 자주 일상적인 사용과는 단절되어 있는 것 같다. 일반 공론·스테레오형·클리셰는 일상어에서는 전혀 구분이 되지 않는다. 이들간의 의미가 상대적으로 모호한 이상, 이들 용어들이 같은 뜻으로 쓰여도 소통에 문제되지는 않는다.

연구의 대상을 설정해야만 하는 인문과학 분야에서는 사정이 다르다. 이들이 일상어의 개념들을 취하는 것은, 자신들 고유의 수사학적 범주 안에서 이 개념들을 재정의한 후에만 가능하다. 바로 이런 식으로 사회과학은 스테레오형을 집단적 표현과 믿음이라는 차원에서 연구한다. 한편 문학 연구들은 상투적 문식과 도식들의 미학적 차원뿐만 아니라 사회적 차원도 고려한다. 언어과학은 스테레오형들과 **토포스**가 의미의 구성 요소들이라고 본다. 수사학과 담론 분석은 암시적인 도식, 또는 설정된 어떤 말의 기반이 되는 공유된 명백한 이치들을 스테레오화 과정에서 살펴본다.

각각의 연구마다 스테레오형이 이루어지는 현상을 다르게 이론화하는 것과 마찬가지로 다양한 분석 방법들을 제시한다. 그 과정들은 다양하지만, 세 가지 흐름으로 요약될 수 있다: 경험론적 접근 방식은 이 분야에 관한 설문 조사와 실험에 의거해, 이처럼 수집된 자료들을 통계적으로 처리하는 사회심리학에 의해 대표된다. 텍스트를 중심으로 하는 두번째 접근 방식은 문학 연구·논증적 분석·담론 분석을 통합하고, 방법론들과 다양한 목적과 함께 담론상의 구성 요소들(어휘·문채·암시의 연구)을 통해 스테레오화 과정의 요소들을 이끌어내고자 시도한다. 이런 관점에서 독서 이론·독서 교육은 텍스트를 해독하기 위해 스테레오형의 역할을 활용한다. 스테레오형의 이론과 원형론, 토포스의 통합화용론을 결합시킨 세번째 접근 방식은 대체로 이론적이다. 이들은 텍스트 분석에 관심을 두기보다 언어의 의미론적 기능에 관심을 둔다.

그렇지만 이런 다양한 연구 분야를 통해 또 다른 부분을 볼 수 있다. 하나는 비하의 문제와 관련된다. 진부함, 편견, 거짓된 명백함이 밝혀진다. 스테레오형과 클리셰 분석은 사람들간의 관계들, 현실에 대한 자유로운 이해, 독창성, 혁신을 방해하는 모든 것의 신화를 벗기는 것을 목표로 한다. 동시에 사회과학·언어과학·문학 연구들은 스테레오화가 이루어지는 현상이 피할 수 없는 것임을 인정한다. 사회 생활에서 이것을 피하는 것은 불가능하다. 이와 같이 사회적 상호 관계, 의사소통의 기반에 나타나며 문학 작업의 근원이 되는 스테레오형·클리셰·일반 공론의 창의적인 기능들을 연구하기에 이르고 있다.

스테레오형의 창의적 기능들은 이들의 고정된 내용과 형태를 정태적으로 보기를 포기할 때에만 이해될 수 있다. 관심을 끄는 것은, 한 개인과 한 집단이 타자와 그리고 자신의 역동적 관계 속에서 스테레오형을 자기 것으로 삼아 능숙하게 사용하는 방식이다. 또한 상황에 따라 담론들이 기존 요소들을 택하고, 실제로 이들을 작동시킬 때 따르는 방식들도 관심을 끈다.

다양한 연구 종목을 두루 살펴본 것은 이와 같은 역선(力線)들을 이끌어 내며, 현대적 사고에서 스테레오화 현상들이 지각·기억에 대해 미치는 강한 호소력을 밝혀 준다.

주 석

1) 글자 그대로의 뜻은 '실패를 닦는다'이나 '실패가 닦인다'로 가면서 '완벽한 핑계를 대다'라는 뜻으로 쓰인다. (역주)

2) Daniel Katz, Kenneth W. Braly, 〈Racial stereotypes of 100 college students〉, *Journal of Abnormal and Social Psychology*, 28, 1933, p.280-290.

3) 저자가 영어 텍스트를 번역해서 여기에 인용한 것이다.

4) M. -J. et P. -H. Chombart de Lauwe *et al.*, 《사회에서의 여성 *La Femme dans la société*》, Paris, CNRS, 1963.

5) M. Rokeach, *The Open and Closed Mind*, New York, Basic Books, 1960.

6) doxa는 어느 시기, 한 사회 구성원들의 공통된 일반적인 의견의 총체로, 너무나 당연하고 자명한 것으로 받아들여지면서 전혀 의심받지 않는 영역에 속한다. 후설은 객관성이 없는 믿음과 개념들의 총체라고 정의하고 있다. (역주)

7) Sigmund Freud, 《농담과 무의식과의 관계 *Le Mot d'esprit et ses rapports avec l'inconscient*》, Gallimard, 1930.

8) 이 시의 육필 원고에서의 제목은 〈축제〉로, 대(大)브뢰헬의 농민 축제 장면을 연상시킨다. 이 축제의 난폭함은 전쟁과, 독일의 프랑스 점령의 난폭함을 빗댄 것이라 보여진다. (역주)

9) 이해를 위한 도표. (역주)

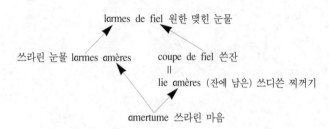

larmes de fiel 원한 맺힌 눈물

쓰라린 눈물 larmes amères

coupe de fiel 쓴잔
‖
lie amères (잔에 남은) 쓰디쓴 찌꺼기

amertume 쓰라린 마음

10) 참조: 롱사르에 대한 Philippe de Lajarte의 연구(〈인문주의 시에 나타난 일반 공론의 관리: 롱사르의 예 La gestion du lieu commun dans la poésie humaniste: l'exemple de Ronsard〉), 《스테레오형 Le Stéréotype》, 1994(Alain Goulet 감수).

11) Didier Alexandre, 〈'백조의 노래': 클리셰와 시에서의 클리셰의 예측 가능성〉, 《일반 공론 Lieux communs……》, Christian Plantin éd., p.45. 《악의 꽃》에 나타난 클리셰의 반복에 관해서는 Henk Nuiten과 Maurice Geelen, 《보들레르와 클리셰. 〈악의 꽃〉의 작가가 사용한 클리셰 Baudeaire et le cliché. Le cliché entre les mains de l'auteur des 〈Fleurs du mal〉》, Stuttgart, F. Steiner Verlag, 1989.

12) Irène Pennachionni, 《이미지에 나타난 향수. 그림으로 된 이야기의 사회학 La Nostalgie en images. Une sociologie du récit dessiné》, Paris, Librairie des Méridiens, 1982, p.101.

13) Jacques Dubois, 《탐정 소설 또는 현대성 Le Roman policier ou la modernité》, Paris, Nathan, 1992, p.105.

14) Charles Grivel, 〈사회적 지식과 문학적 지식 Savoir social et savoir littéraire〉, 《문학 Littérature》, n° 44, 1981, p.83.

15) Thierry Duc, 〈대중 소설에 나타난 자조: 에두아르 드 생 타무르에 나타난 일반 공론과 스테레오형의 사용 Autodé-rision dans le roman populaire: l'utilisation du lieu commun et du stéréotype chez Édouard de Saint-Amour〉, 《문제의 대중 소설 Le Roman populaire en question(s)》, Jacques Miggozi éd., Presses Universitaires de Limoges, 1997.

16) Françoise Martin-Berthet, 〈어린이에 대한 정의: 사례 연구 Défini-

tions d'enfant: étude de cas〉, *Repères*, n° 8, 1993, p.117.

17) Patrick Sériot, 〈러시아어와 소련의 정치 담론: 명사화의 분석 Langue russe et discours politique soviétique: analyse des nominalisations〉, 《언어 *Langages*》, n° 81, 1986년 3월(〈담론 분석, 새로운 행보 Analyse de discours, nouveaux parcours〉), p.39.

18) Stéphane Audouin-Rouzeau, 《1914-1918년의 어린이들의 전쟁. 문화사 *La Guerre des enfants 1914-1918. Histoire culturelle*》, Paris, Colin, 1993, p.131.

19) Antoine Prost dans 《어떤 문화사에 대해 *Pour une histoire culturelle*》, Jean-Pierre Rioux, Jean-François Sirinelli 공동 편집, Paris, Éd. du Seuil, 1997, p.134.

20) Patrick Imbert, 《언론의 객관성. 볼모로 잡힌 네번째 권력 *L'Objectivité de la presse. Le 4ᵉ pouvoir en otage*》, Québec, Hurtubise, 1989.

21) Groupe Mu, 〈'파리마치'의 전기들 Les biographies de *Paris-Match*〉, 《코뮈니카시옹 *Communications*》, n° 16, 1970; repris dans 《*Recherches Rhétoriques*》, Éd. du Seuil, coll. 'Points,' 1994.

22) Marc Lits, 《왕의 서거… 감정과 미디어 *Le roi est mort… Émotions et médias*》, Bruxelles, Vie ouvrière, 1993, p.100.

참고 문헌

| 개념의 역사

ANGENOT Marc, *La Parole pamphlétaire. Typologie des discours modernes*, Payot, 1982.

BERLAN Françoise, ⟨*Les Épithètes françoises du R. P. Daire. Stéréotypes culturels et conventions sociales*⟩, dans *Mélanges de langue et de littérature française offerts à Pierre Larthomas*, École normale supérieure de jeunes filles, 1985.

COMPAGNON Antoine, *La Seconde Main ou le Travail de la citation*, Éd. du Seuil, 1979.

CURTIUS Ernst Robert, *La Littérature européenne et le Moyen Âge latin*, trad. fr., PUF, 1956(éd. or. 1947).

DELESALLE Simone, ⟨Les débuts de la sémantique. Norme et esthétique à la fin du XIXe siècle⟩, dans *Histoire de la langue française 1880-1914*, sous la direction de Gérald Antoine et Robert Martin, Éd. du CNRS, 1985.

Études françaises, 13, 1-2, ⟨Le lieu commun⟩, 1976.

FLAUBERT Gustave, *Le Dictionnaire des Idées Reçues*, Le Livre de Poche, 1997.

GOURMONT Remy de, *La Culture des idées*, Société du ⟨Mercure de Feance⟩, 1900, rééd. 10/18, 1983(⟨Du style ou de l'écriture⟩ et ⟨La dissociation des idées⟩, 1899).

GOURMONT Remy de, *Esthétique de la langue française*, Mercure de France(1899), rééd. Éditions Autrement dit, ⟨Les Introuvables⟩, 1985(⟨Le cliché⟩).

GOYET Francis, *Le ⟨Sublime⟩ du lieu commun, L'invention rhétorique dans l'Antiquité et à la Renaissance*, Champion, 1996.

HERSCHBERG PIERROT Anne, ⟨Clichés fin de siècle⟩, dans *Rhétorique et discours critiques. Échanges entre langue et métalangue*, Presses de l'ENS, 1989.

HERSCHBERG PIERROT Anne, ⟨Histoire d'idées reçues⟩, *Romantisme*, 86, 1994.

TARDE Gabriel de, *Les Lois de l'imitation sociale*(Alcan, 1890), réed. Ratkine Reprints, Genève, 1979(réimp. de l'éd. de 1895).

Ⅱ 사회과학에 나타난 스테레오형의 개념

ADORNO T. W., FENKEL-BRUNSWIK E., LEVINSON, D. J. et NEVITT SANFORD. R., *The Authoritarian Personality*, New York, Harper & Row, 1950.

ALLPORT Gordon, W., *The Nature of Prejudice*, New York, Doubleday Anchor Books, 1954.

AMOSSY Ruth, *Les Idées reçues. Sémiologie du stéréotype*, Nathan, 1991.

ASCH Solomon, *Social Psychology*, NJ, Prentice Hall, 1952.

BAR-TAL Daniel, GRAUMANN Carl, KRUGLANSKI Arie, STROEBE Wolfgang, *stereotyping and Prejudice. Changing Conceptions*, Springer Verlag, 1994.

CAMILLERI Carmel, VINSONNEAU Geneviève, *Psychologie et culture, Concepts et méthodes*, Colin, 1996.

Ethnopsychologie, 4, ⟨Images de l'Europe⟩, décembre, 1971.

FISCHER Gustave-Nicolas, *Les Concepts fondamentaux de la psychologie sociale*, Dunod, 1996.

FISHMAN Joshua A., ⟨An examination of the process and functions of social stereotyping⟩, *The Journal of Social Psychology*, 43, 1956, pp.27-64.

GOFFMAN Erving, *La Mise en scène de la vie quotidienne*, t. 1 : *La Présentation de soi*, Éd. de Minuit, 1973.

HARDING John, 〈Stereotypes〉, *International Encyclopedia of the Social Sciences*, vol. 15, The McMillan Cie and the Free Press, 1968.

JAHODA Marie, 〈Stereotype〉, *A Dictionary of the Social Sciences*, London, Tavistock Publications, 1964.

JODELET Denise(éd.), *Les Représentations sociales*, PUF, 1989.

KLINEBERG Otto, *Psychologie sociale*, PUF, 1963(1ʳᵉ éd. New York, 1940).

LADMIRAL Jean-René et LIPIANSKY Edmond-Marc, *La Communication interculturelle*, Colin, 1989.

LEYENS Jean-Philippe, YZERBYT Vincent et SCHADRON Georges, *Stéréotypes et cognition sociale*, trad. G. Schadron, Mardaga, 1996(1ʳᵉ éd. London, 1994).

LIPPMANN Walter, *Public Opinion*, New York, Pelican Books, 1946 (1ʳᵉ éd. 1922).

MAISONNEUVE Jean, *Introduction à la psychosociologie*, PUF, 1989.

MORFAUX Louis Marie, 〈Stéréotype〉, *Vocabulaire de la philosophie et des sciences humaines*, Colin, 1980.

MOSCOVICI Serge(éd.), *Psychologie sociale*, PUF, 1988.

SHERIF M. et SHERIF C. W., *Social Psychology*, New York, Harper-Inter Éd., 1969.

TAJFEL Henri, 〈La catégorisation sociale〉, *Introduction à la psychologie sociale*, vol. I, S. Moscovici(éd.), Larousse, 1972.

Ⅲ 클리세, 스테레오형, 문학

• Les études du cliché

ALBALAT Antoine, *L'Art d'écrire : enseigné en vingt leçons*(1899), rééd. Colin, 1992.

참고 문헌 205

AMOSSY Ruth et ROSEN Elisheva, *Les Discours du cliché*, SEDES-CDU, 1982.

BALLY Charles, *Traité de stylistique française*(1ʳᵉ éd., Wagner, Heidelberg, 1909), 3ᵉ éd., Genève, George, Paris, Klincksieck, vol. 1, 1951.

Le Cliché, éd. Gilles Mathis, Actes du colloque d'Aix-en-Provence (janvier 1996), Presses universitaires du Mirail, 1997.

HERSCHBERG PIERROT Anne, 〈Problématiques du cliché〉, *Poétique*, 43, 1980.

JENNY Laurent, 〈Structures et fonctions du cliché〉, *Poétique*, 12, 1972.

MAROUZEAU Jules, *Précis de stylistique française*(1941), Masson, 1969.

PAULHAN Jean, *Les Fleurs de Tarbes*(1941), dans *Œuvres complètes*, t. III, Cercle du livre précieux, 1967.

PAULHAN Jean, *Éléments*, dans *Œuvres complètes*, t. II, Cercle du livre précieux(〈Incident de langage dans la famille Langelon〉), 1966.

PERRIN-NAFFAKH Anne-Marie, *Le Cliché de style en français moderne*, Bordeaux, Presses universitaires de Bordeaux, 1985.

REDFERN Walter, *Clichés and Coinage*, Basil Blackwell, 1989.

RIFFATERRE Michael, 〈Fonction du cliché dans la prose littéraire〉, dans *Essais de stylistique structurale*, présentation et traductions par Daniel Delas, Flammarion, 1970.

RIFFATERRE Michael, *La Production du texte*, Éd. du Seuil, 1979.

RIFFATERRE Michael, *Sémiotique de la poésie*, traduit de l'américain par Jean-Jacques Thomas, Éd. du Seuil, 1983.

• Texte, imaginaire, société

AMOSSY Ruth, *Les Idées reçues. Sémiologie du stéréotype*, Nathan, 1991.

ANGENOT Marc, *1889. Un état du discours social*, Québec, Éd. du Préambule, 1989.

BARTHES Roland, *Mythologies*, Éd. du Seuil, coll. 〈Points〉, 1957.

BARTHES Roland, *S/Z*, Éd. du Seuil, coll. 〈Points〉, 1970.

BARTHES Roland, *Roland Barthes par Roland Barthes*, Éd. du Seuil, coll. 〈Écrivains de toujours〉, 1975.

BARTHES Roland, *Leçon*, Éd. du Seuil, 1978.

DUCHET Claude et TOURNIER Isabelle, 〈Sociocritique〉, dans *Dictionnaire universel des littératures*, Béatrice Didier éd., PUF, 1994.

FLAUBERT Gustave, *Le Dictionnaire des Idées Reçues*, Le Livre de Poche, 1997.

GAILLARD Françoise, 〈Petite histoire du bras de fer, ou comment se fait l'Histoire〉, *Revue des Sciences humaines*, 181, 1981-1.

HERSCHBERG PIERROT Anne, 〈Clichés, stéréotypes, stéréotypies dans le discours de Lieuvain(*Madame Bovary*, II, 8)〉, *Littérature*, 36, 1979.

HERSCHBERG PIERROT Anne, 〈Le travail des stéréotypes dans 'la prise des Tuileries' (*L'Éducation sentimentale*, III, 1)〉, dans *Histoire et langage dans* 〈*L'Éducation sentimentale*〉 *de Flaubert*, CDU-SEDES, 1981.

HERSCHBERG PIERROT Anne, *Le Dictionnaire des idées reçues de Flaubert*, Presses universitaires de Lille, 1998.

LÜSEBRINK Hans-Jürgen, 〈La perception de l'Autre: jalons pour une critique littéraire interculturelle〉, *Tangence*, 51, 1996.

MITTERAND Henri, 〈Parole et stéréotype: le 'socialiste' de Flaubert〉, dans *Le Discours du roman*, PUF, 1980.

PAGEAUX Daniel-Henri, *La Littérature générale et comparée*, Colin, 1994.

ROSELLO Mireille, *Declining the Stereotype. Ethnicity and Representation in French Cultures*, Hanover, New England University Press, 1997.

Le Stéréotype. Crise et transformations(colloque de Cerisy-la-Salle, 7-10 octobre 1993), Alain Goulet éd., Presses de l'université de Caen, 1994.

• Stéréotype et lecture

—— Le stéréotype comme construction de lecture : le stéréotype dans le procès de lecture

AMOSSY Ruth, *Les Idées reçues. Sémiologie du stéréotype*, Nathan, 1991.

DUFAYS Jean-Louis, *Stéréotype et lecture*, Liège, Mardaga, 1994.

ECO Umberto, *Lector in fabula ou la Coopération interprétative dans les textes narratifs*, trad. de l'italien par M. Bouzaher, Grasset, 1985(1re éd. 1979).

JAUSS Hans-Robert, *Pour une esthétique de la réception*, trad. fr. par G. Maillard, Gallimard, 1978(1re éd. 1972).

—— La question de la paralittérature

COUEGNAS Daniel, *Introduction à la paralittérature*, Éd. du Seuil, coll. 〈Poétique〉, 1992.

ECO Umberto, 〈Une combinatoire narrative〉, *Communications*, 8., 1966.

HOUEL Annick, *Le Roman d'amour et sa lectrice*, L'Harmattan, 1997.

LAFARGE Claude, *La Valeur littéraire. Figuration et usages sociaux des fictions*, Fayard, 1983.

LUGAN-DARDIGNA Anne-Marie, 〈Presse du cœur et roman rose : la quête de l'amour vrai ou comment se trouver un maître〉, *Le Récit amoureux*, D. Coste et M. Zeraffa éds., Éd. Champ Vallon, 1984.

—— Didactique de la lecture

DUFAYS Jean-Louis, GEMENNE Louis, LEDUR Dominique, *pour une lecture littéraire*, t. 1, Bruxelles, De Boeck-Duculot, 1996.

ROUXEL Annie, *Enseigner la lecture littéraire*, Presses universitaires de Rennes, 1997.

III 언어학, 수사학, 담론 분석

• Les stéréotypes dans la langue

—— Locutions figées

GROSS Gaston, *Les Expressions figées en français*, Ophrys, 1996(bibliographie).

MARTIN-BERTHET Françoise, ⟨À propos de *jeune fille*: remarques sémantiques et lexicographiques⟩, *Cahiers de lexicologie*, 39, 1981-2.

REY Alain, *Le Lexique: images et modèles. Du dictionnaire à la lexicologie*(II⁰ partie, chap. 8: ⟨Les limites du lexique⟩), Colin, 1977.

—— Sémantique du stéréotype et du prototype

DESPORTES Ariane et MARTIN-BERTHET Françoise, ⟨Stéréotypes comparés: noms d'animaux en français et en espagnol⟩, *Cahiers de lexicologie*, 66, 1995-1.

FRADIN Bernard, MARANDIN Jean-Marie, ⟨Autour de la définition: de la lexicographie à la sémantique⟩, *Langue française*, 43, septembre, 1979.

GEERAERTS D., ⟨Les données stéréotypiques, prototypiques et encyclopédiques dans le dictionnaire⟩, *Cahiers de lexicologie*, 46-1, 1985.

KLEIBER Georges, ⟨Prototype, stéréotype: un air de famille?⟩, *DRLAV*, 38, 1988.

KLEIBER Georges, *La Sémantique du prototype*, PUF, 1990.

MARANDIN Jean-Marie, ⟨Le lexique mis à nu par ses célibataires. Stéréotype et théorie du lexique⟩, dans *La Définition*, J. Chaurand et F. Mazière éds., Larousse, coll. ⟨Langue et Langage⟩, 1990.

PLANTIN Christian(éd.), *Lieux communs, topoi, stéréotypes, clichés*, Éd. Kimé, 1993.

PUTNAM Hilary, ⟨Signification, référence et stéréotypes⟩, *Philosophie*, 5, février 1985, trad. fr. par Jean Khalfa de ⟨Meaning, Reference and Stereotypes⟩(1978), version abrégée de ⟨The meaning of 'meaning'⟩(*Philosophical Papers*, vol. 2, Cambridge, Cambridge University Press, 1975).

PUTNAM Hilary, ⟨La sémantique est-elle possible?⟩, 1970, trad. fr. par J. -M. Marandin de ⟨Is semantics possible?⟩ dans *La Définition, op. cit.*

SIBLOT Paul, 〈De la fabrique du sens entre prototypicalité et stéréo-typie discursive〉, *Le Français dans le monde*, juillet, 1996.

—— Les *topoi* dans la pragmatique intégrée

ANSCOMBRE Jean-Claude(éd.), *Théorie des topoï*, Éd. Kimé, 1995.

ANSCOMBRE Jean-Claude et DUCROT Oswald, *L'Argumentation dans la langue*, Liège, Mardaga, 1983.

Journal of Pragmatics, 24, 〈Argumentation within language〉, P. -Y. Raccah éd., 1-2, juil, 1995.

PLANTIN Christian(éd.), *Lieux communs, topoi, stéréotypes, clichés*, Éd. Klimé, 1993.

SARFATI Georges-Élia, *Éléments d'analyse du discours*, Nathan, coll. 〈128〉, 1997.

• Rhétorique et analyse argumentative

ADAM Jean-Michel, BONHOMME Marc, *L'Argumentation publicitaire. Rhétorique de l'éloge et de la persuasion*, Nathan, 1997.

AMOSSY Ruth, 〈Les dessous de l'argumentation dans le débat politique télévisé〉, *Littérature*, 93, 1994.

ANGENOT Marc, *La Parole pamphlétaire. Typologie des discours mo-dernes*, Payot, 1982.

ARISTOTE, *Organon V, Les Topiques*, trad. et notes J. Tricot, Vrin, 1990.

ARISTOTE, *Rhétorique*, Introduction M. Meyer, trad. C. -E. Ruelle Le Livre de Poche, 1991.

BARTHES Roland, 〈L'ancienne rhétorique〉, *Communications*, 16, Éd. du Seuil, 1970.

DECLERCQ Gilles, *L'Art d'argumenter. Structures rhétoriques et litté-raires*, Éditions universitaires, 1992.

EGGS Ekkehard, *Grammaire du discours argumentatif*, Éd. Kimé, 1994.

KIBÉDI-VARGA A., *Rhétorique et littérature. Études de structures classiques*, Didier, 1970.

MOLINIÉ Georges, *Dictionnaire de rhétorique*, Le Livre de Poche, 1992.

PERELMAN Chaim et OLBRECHTS-TYTECA L., *Traité de l'argumentation. La nouvelle rhétorique*, Éd. de l'université de Bruxelles, 1970.

• Analyses de discours

ANGENOT Marc, *La Propagande socialiste. Six essais d'analyse du discours*, Montréal, L'Univers du Discours, 1997.

GUILHAUMOU Jacques, MALDIDIER Denise, PROST Antoine, ROBIN Régine, *Langage et idéologies. Le Discours comme objet de l'Histoire*, Les Éditions ouvrières, 1973.

GUILHAUMOU Jacques, MALDIDIER Denise, ROBIN Régine, *Discours et archive*, Liège, Mardaga, 1994.

HONORÉ Jean-Paul, 〈De la nippophilie à la nippophobie. Les stéréotypes versatiles dans la vulgate de presse〉, *Mots*, 41, 1994.

MAINGUENEAU Dominique, 〈Présentation〉, *Langages*, 117, (〈Les Analyses de discours en France〉), mars, 1995.

MAINGUENEAU Dominique, *Les Termes clés de l'analyse de discours*, Éd. de Seuil, coll. 〈Mémo〉, 1996.

PÊCHEUX Michel, *Les Vérités de la Palice*, Maspero, 1975.

ROBIN Régine, 〈Essai sur la stéréotypie républicaine : les manuels d'histoire du la IIIᵉ République jusqu'en 1914〉, *Littérature*, 44, décembre, 1981.

TAGUIEFF Pierre-André, 〈La nouvelle judéophobie : antisionisme, antiracisme, anti-impérialism〉, *Les Temps modernes*, 520, 1989.

• Langues de bois

Mots, 21(〈Langues de bois?〉), décembre, 1989.

색인

조성애

연세대학교 불문과 졸업
미국 뉴욕 주립대학 불문학 석사
프랑스 파리3대학 불문학 박사
현재 연세대학교 불문과 강사
저서:《사회 비평과 이데올로기 분석》
역서:《쟁탈전》《로마에서 중국까지》
《세계를 터는 강도》《프랑스를 아십니까》
《사실주의 문학의 이해》

현대신서
69

상투어

초판 발행: 2001년 2월 25일

지은이: 뤼스 아모시 / 안 에르슈베르 피에로
옮긴이: 조성애
펴낸이: 辛成大
펴낸곳: 東文選
제10-64호, 78. 12. 16 등록
100-300 서울 종로구 관훈동 74번지
전화: 737-2795
팩스: 723-4518

ISBN 89-8038-157-3   94760
ISBN 89-8038-050-X (세트)

168 中國歷代書論	郭魯鳳 譯註	25,000원
169 요가수트라	鄭泰爀	15,000원
170 비정상인들	M. 푸코 / 박정자	근간
171 미친 진실	J. 크리스테바 / 서민원	근간
172 디스탱숑(상·하)	P. 부르디외 / 이종민	근간
173 세계의 비참(전3권)	P. 부르디외 外 / 김주경	각권 26,000원
174 수묵의 사상과 역사	崔炳植	근간
175 파스칼적 명상	P. 부르디외 / 김웅권	근간
176 지방의 계몽주의(전2권)	D. 로슈 / 주명철	근간
177 조선민족무용기본·2	최승희	근간
178 사랑의 단상	R. 바르트 / 김희영	근간
179 中國書藝理論體系	熊秉明 / 郭魯鳳	근간
180 미술시장과 경영	崔炳植	근간

【롤랑 바르트 전집】

▨ 현대의 신화	이화여대기호학연구소 옮김	15,000원
▨ 모드의 체계	이화여대기호학연구소 옮김	18,000원
▨ 텍스트의 즐거움	김희영 옮김	15,000원
▨ 라신에 관하여	남수인 옮김	10,000원

【漢典大系】

▨ 說 苑 (上·下)	林東錫 譯註	각권 30,000원
▨ 晏子春秋	林東錫 譯註	30,000원
▨ 西京雜記	林東錫 譯註	20,000원
▨ 搜神記 (上·下)	林東錫 譯註	각권 30,000원

【기 타】

■ 경제적 공포	V. 포레스테 / 김주경	7,000원
■ 古陶文字徵	高 明·葛英會	20,000원
■ 古文字類編	高 明	24,000원
■ 金文編	容 庚	36,000원
■ 딸에게 들려 주는 작은 지혜	N. 레흐레이트너 / 양영란	6,500원
■ 딸에게 들려 주는 작은 철학	R. 시몬 셰퍼 / 안상원	7,000원
■ 미래를 원한다	J. D. 로스네 / 문 선·김덕희	8,500원
■ 산이 높으면 마땅히 우러러볼 일이다	유 향 / 임동석	5,000원
■ 서기 1000년과 서기 2000년 그 두려움의 흔적들	J. 뒤비 / 양영란	8,000원
■ 선종이야기	홍 희 편저	8,000원
■ 섬으로 흐르는 역사	김영희	10,000원
■ 세계사상	창간호~3호: 각권 10,000원, 4호: 14,000원	
■ 십이속상도안집	편집부	8,000원
■ 어린이 수묵화의 첫걸음(전6권)	趙 陽	42,000원
■ 오늘 다 못다한 말은	이외수 편	6,000원

■ 오블라디 오블라다, 인생은 브래지어 위를 흐른다　무라카미 하루키 / 김난주　7,000원
■ 잠수복과 나비　　　　　　　J. D. 보비 / 양영란　　　　6,000원
■ 천연기념물이 된 바보　　　최병식　　　　　　　　　　7,800원
■ 原本 武藝圖譜通志　　　　　正祖 命撰　　　　　　　60,000원
■ 隷字編　　　　　　　　　　洪鈞陶　　　　　　　　40,000원
■ 테오의 여행 (전5권)　　　　C. 클레망 / 양영란　　　각권 6,000원
■ 한글 설원 (상·중·하)　　　임동석 옮김　　　　　각권 7,000원
■ 한글 안자춘추　　　　　　임동석 옮김　　　　　　　8,000원
■ 한글 수신기 (상·하)　　　　임동석 옮김　　　　　각권 8,000원

【조병화 작품집】
■ 공존의 이유　　　　　　　제11시점　　　　　　　　5,000원
■ 그리운 사람이 있다는 것은　제45시집　　　　　　　　5,000원
■ 길　　　　　　　　　　　　애송시모음집　　　　　　10,000원
■ 개구리의 명상　　　　　　제40시집　　　　　　　　3,000원
■ 꿈　　　　　　　　　　　　고회기념자선시집　　　　10,000원
■ 따뜻한 슬픔　　　　　　　제49시집　　　　　　　　5,000원
■ 버리고 싶은 유산　　　　　제 1시집　　　　　　　　3,000원
■ 사랑의 노숙　　　　　　　애송시집　　　　　　　　4,000원
■ 사랑의 여백　　　　　　　애송시화집　　　　　　　5,000원
■ 사랑이 가기 전에　　　　　제 5시집　　　　　　　　4,000원
■ 시와 그림　　　　　　　　애장본시화집　　　　　　30,000원
■ 아내의 방　　　　　　　　제44시집　　　　　　　　4,000원
■ 잠 잃은 밤에　　　　　　　제39시집　　　　　　　　3,400원
■ 패각의 침실　　　　　　　제 3시집　　　　　　　　3,000원
■ 하루만의 위안　　　　　　제 2시집　　　　　　　　3,000원

【이외수 작품집】
■ 겨울나기　　　　　　　　　창작소설　　　　　　　　7,000원
■ 그대에게 던지는 사랑의 그물　에세이　　　　　　　　7,000원
■ 그리하여 어느 날 사랑이여　　　　　　　　　　　　4,000원
■ 꿈꾸는 식물　　　　　　　　장편소설　　　　　　　　6,000원
■ 내 잠 속에 비 내리는데　　　에세이　　　　　　　　7,000원
■ 들 개　　　　　　　　　　　장편소설　　　　　　　　7,000원
■ 말더듬이의 겨울수첩　　　　에스프리모음집　　　　　7,000원
■ 벽오금학도　　　　　　　　장편소설　　　　　　　　7,000원
■ 장수하늘소　　　　　　　　창작소설　　　　　　　　7,000원
■ 칼　　　　　　　　　　　　장편소설　　　　　　　　7,000원
■ 풀꽃 술잔 나비　　　　　　서정시집　　　　　　　　4,000원
■ 황금비늘 (1·2)　　　　　　장편소설　　　　　　　각권 7,000원

東文選 文藝新書 133

미학의 핵심

마르시아 밀더 이턴

유호전 옮김

　이 책의 저자 마르시아 이턴은 현대의 넘쳐나는 미적·예술적 사건들을 특유의 친절함과 박식함으로 진단한다. 소크라테스에서 데리다에 이르기까지 고대와 현대를 어려움 없이 넘나들며 때로는 미적 가치로, 때로는 도덕적 가치로 예술의 모든 장르를 재단한다. 미학의 본질을 파악할 수 있도록 핵심 용어와 이론을 정의하고 소개하며, 혼란이 일고 있는 부분들을 적절히 노출시켜 독자의 정확한 판단을 유도한다. 결코 한쪽에 치우치지 않게 다양한 목소리를 가능한 한 수용하면서, 객관과 주관이 공존하고 형식과 맥락이 혼재하며 전통과 관습이 살아 움직이는 비평을 지향한다.

　부분적 특성이 하나의 통합적 경험으로 표출되는 미적 체험의 특수성을 역설하면서, 개인 취향의 다양성과 문화적·역사적 상이함이 초래할 수 있는 미적 대상에 대한 이질적 반응도 충분히 인정할 것을 이 책은 주장한다. 이턴은 개인적 차원의 미적·예술적 경험에 만족하지 않는다. 응용미학이나 환경미학 등 사회적 역할에 이르기까지 미학의 책임과 영역을 확대시킨다. 이 책을 읽는 독자들은 저자가 제시하는 내용들이 공허한 이론으로 끝나지 않고, 예술의 제반 현상들에 실제로 적용되는 경우를 빈번히 목격하게 되며, 결국 저자의 해박함과 노고에 미소짓지 않을 수 없을 것이다.

　이 책에서 언급되는 주제는 다음과 같다.

- ■대상·제작자·감상자의 역할　■해석·비평·미적 반응의 본질
- ■예술의 언어와 맥락　　　　　■미적 가치의 본질
- ■구조주의나 해체주의와 같은 비분석적 미학의 입장
- ■환경미학의 공공 정책 결정에 있어서의 미학적 문제점 등 미학의 실제적 사용

東文選 文藝新書 153

시적 언어의 혁명

줄리아 크리스테바
김인환 옮김

　미셸 푸코는 《말과 사물》에서 19세기 이후 문학은 언어를 자기 존재 안에서 조명하기 시작하였고, 그런 맥락에서 휠덜린·말라르메·로트레아몽·아르토 등은 시를 자율적 존재로 확립하면서 일종의 '반담론'을 형성하였다고 지적한다. 그러한 작가들의 시적 언어는 통상적인 언어 표상이나 기호화의 기능을 초월하기 때문에 다각적이고 종합적인 연구를 필요로 한다. 본서는 바로 그러한 연구를 구체적으로 보여 주는 시도이다.

　20세기 후반의 인문과학 분야를 대표하는 저작 중의 하나로 꼽히는 《시적 언어의 혁명》은 크게 시적 언어에 대한 일반적인 특징을 종합한 제1부, 말라르메와 로트레아몽의 텍스트를 분석한 제2부, 그리고 그 두 시인의 작품을 국가·사회·가족과의 관계를 토대로 연구한 제3부로 구성된다. 이번에 번역 소개된 부분은 이론적인 연구가 망라된 제1부이다. 제1부 〈이론적 전제〉에서 저자는 형상학·해석학·정신분석학·인류학·언어학·기호학 등 현대의 주요 학문 분야의 성과를 수렴하면서 폭넓은 지식과 통찰력을 바탕으로 시적 언어의 특성을 다각적으로 조명 분석하고 있다.

　크리스테바는 텍스트의 언어를 쌩볼릭과 세미오틱 두 가지 층위로 구분하고, 쌩볼릭은 일상적인 구성 언어로, 세미오틱은 원초적이고 본능적인 언어라고 규정한다. 그리하여 시적 언어로 된 텍스트의 최종적인 의미는 그 두 가지 언어 층위의 상호 작용에 의해서 결정된다고 본다. 그리고 시적 언어는 표면적으로 보기에 사회적 격동과 관계가 별로 없어 보이지만, 실상은 사회와 시대 위에 군림하는 논리와 이데올로기를 파괴하는 힘이 있다는 것을 말라르메와 로트레아몽의 《말도로르의 노래》에 대한 연구를 통하여 증명한다.

東文選 文藝新書 138

글쓰기의 문제해결전략

린다 플라워 / 원진숙 · 황정현 옮김

어떻게 해야 좋은 글을 쓸 수 있을까?
인지주의식 글쓰기란 무엇인가?

이 책은 글쓰기를 목표 지향적인 문제해결 과정이라고 본다. 이 책의 저자인 린다 플라워는 기존의 결과 중심의 수사학에서 과정 중심의 접근방법으로 전환해서, 좋은 글은 어떠해야 하는가에 대한 지침이 아니라 글쓰기는 과연 어떤 과정을 거쳐서 이루어지는가에 대해 놀라우리만큼 구체적이면서도 기술적으로 보여 주고 있다. 또한 글을 계획하는 법, 아이디어를 생성하고 조직하는 법, 독자를 위해서 글을 계획하고 고쳐 쓰는 법 등에 대한 일련의 글쓰기 원리와 실제적인 쓰기 전략들을 제공해 주고 있다. 이러한 원리와 전략들은, 글쓰기를 막연하게 개개인의 타고난 재능이나 영감의 문제로만 생각하고 있는 사람들에게 현실적이면서도 실제적인 도움을 줄 수 있을 것이다. 또한 이 책은 '과정'을 중심으로 교육해야 한다는 의식은 있지만, 정작 어떻게 해야 '과정' 중심의 진정한 작문 교육을 실천할 수 있을지에 대해서는 여전히 손을 놓고 있는 상황에 처한 우리 쓰기 교육 현장에 많은 시사점을 던져 줄 것이라고 본다.

이 책이 지닌 또 다른 미덕은, 최근 작문연구 분야에서 크게 각광받고 있는 사회인지주의 작문이론의 성과를 피상적인 논의 수준에서가 아니라, 대학이라는 '학문적 담화 공동체'에 진입하려는 대학 신입생들의 글쓰기 문제와 관련지어 매우 적절하게 녹여내고 있다는 점이다. 이제까지 글쓰기 작업을 극히 사적이면서도 개인적인 행위로 보아 오던 것에 비해서, 글쓰기를 인지적 과정임과 동시에 다른 사람들과의 관계를 형성하는 사회적 행위로 보고, 이 두 가지 측면이 서로 어떻게 작용하는가를 밀도 있게 보여 주고 있는 본서는 작문이론 분야에서 그 연구사적 의의 또한 매우 크다고 하겠다.

東文選 現代新書 59

프랑스 시의 이해

알랭 바이양

김다은 + 이혜지 옮김

　시란 무엇인가? 시적 리듬이란 무엇인가? 음악성이란 개념은 어떤 것들을 포함하는가? 시를 해석한다는 것은 무엇이며, 시를 읽는다는 것은 또 무엇인가? 그리고 즐거움은 어디에 있는가?

　꼭 시를 분석해야만 그 시를 향유할 수 있는 것인가? 아마도 아닐 것이다. 사진 작가가 아니어도 풍경을 좋아할 수 있듯이, 우리는 분석하지 않고도 시를 즐길 수 있을 것이다. 헛된 논쟁은 피하도록 하자. 독자들은 문학을 오용하는 야만인들이 아니며, 주석가들도 비뚤어진 무능력자가 아니다. 읽는 것과 해설하는 것은 근본적으로 상이한 두 개의 활동이다. 전자는 미술관을 방문하거나 운동을 하는 것처럼 교양적 범주에 속하는 것이고, 후자는 인간으로 하여금 자기 자신과 자신의 행동과 자신의 사유와 자신의 쾌락을 보다 극명히 인식하도록 도와 주는 오래 된 지적 전통을 이어가고 있는 것이다.

　본서는 시에 대한 다양한 정의들과 시에 관한 문헌적·언어학적 이론들, 그리고 시 분석에 대한 기초적인 방법론들이 체계적으로 정리되어 있다. 쉬운 문장으로 쓰여 있어 대학생들뿐만 아니라 시와 무관한 일반인 누구나 쉽게 읽을 수 있다.

東文選 文藝新書 121

문학비평방법론

다니엘 베르제 外
민혜숙 옮김

문학을 공부하는 학도들과 문학 예비교실의 학생들을 위하여 기획된 이 책은, 텍스트 분석에 있어서 비평방법이라는 복잡하고도 중요한 물음에 대하여 명확히 밝히고 있다.

인문과학과 언어학의 기여로 인하여 비평 연구방법은 20세기에 유례 없는 발전을 하였다. 사회비평·심리비평·생성비평·주제비평·텍스트비평은 자료비평에 대한 오래 된 전통을 풍성하게 해주면서 주석자들에게 명확한 접근방법을 제공하였다.

이 책의 각장은 의뢰된 전문가들이 썼으며, 새로운 동향들에 대한 명료하고도 확실한 자료를 통해 설명을 하고 있다. 즉 각비평의 흐름에 대한 기원, 형성, 전제 사항, 특별한 적용의 장, 경우에 따라 일어날 수 있는 제한점들을 상술하였다.

따라서 독자는 문학 텍스트에 대한 실제적인 접근을 하는 데 이 책의 도움을 받을 수 있을 것이다. 담화와 문학을 분리할 수 없는 이러한 시대에, 이 저작은 귀중한 보조자가 될 것이다. 비평방법들이 우리의 모든 지식을 이용하고 재분배하는 것을 보여 줌으로써, 이 책은 문학 텍스트의 실제적인 분석의 방법과 풍성한 이해의 길을 열어 준다.

東文選 現代新書 15

일반미학

로제 카이유와

이경자 옮김

'미'란 인간이 느끼고 내리는 평가라 할지라도, 자연의 구조는 상상 가능한 모든 미의 출발점이며 최종적인 참조 목록이다. 하지만 인간이 바로 자연의 일부분이기 때문에 그 범위가 쉽게 제한되며, 인간이 미에 대해 느끼는 감정은 생명체라는 인간의 조건과 우주의 일부분에 지나지 않는다는 생각을 하게 할 뿐이다. 그 결과 자연이 예술의 모델이 되는 것이 아니라, 오히려 예술은 자연의 특수한 경우에 해당한다. 즉 예술이란 미학이 인간의 의도나 제작행위라는 부차적인 검열과정을 거치게 될 때 생기는 자연의 특수한 경우이다. 아주 단순해 보이는 이 사실은 매우 중요한 의미를 지니고 있다.

시학으로부터 광물학, 미학으로부터 동물학, 신학으로부터 민속학에 이르기까지 폭넓은 주제에 관한 많은 저서를 남긴 로제 카이유와는, 이 책에서 '형태'·'미'·'예술'이라는 광범위한 주제에서부터 한정된 주제로 점점 좁혀가며 미적 탐구를 진행해 나가고 있다. 형성 기원이 무엇이건간에 아름답다고 평가받는 형태들에 대한 연구인 미학의 영역과, 미학의 일부분에 지나지 않는 예술의 영역을 확연하게 구분하고 있는 그는 자연의 제 형태에 관한 연구, 즉 풍경대리석과 마노 또는 귀갑석의 무늬 등에 대한 연구와 현대 예술가들의 다양한 창작 태도에 대한 관점을 간결하고도 명확하게 설명하고 있다.

東文選 現代新書 4

문학이론

조너선 컬러

이은경 · 임옥희 옮김

문학이론에 관한 많은 입문서들이 일련의 비평 '학파'를 기술한다. 이론은 각각의 이론적인 입장과 실천으로 인해 일련의 상호 경쟁하는 '접근방법'으로 다루어진다. 하지만 입문서에서 밝힌 이론적인 운동——구조주의, 해체론, 페미니즘, 정신분석학, 마르크스주의, 신역사주의——은 많은 공통점을 가지고 있다. 이런 공통점 때문에 사람들은 단지 특수한 이론들에 관해서가 아니라 '이론'에 관해 논의할 수 있게 된다. 이론을 소개하려면, 이론적인 학파를 죽 개괄하기보다는 문제의식을 같이하는 질문과 주장, 하나의 '학파'를 다른 학파와 대비시키지 않는 중요한 논쟁, 이론적인 운동 내에서의 현저한 차이를 논의하는 것이 훨씬 낫다. 현대 이론을 일련의 경쟁하는 접근방법이나 해석방식으로 다루는 것은 이론이 갖는 많은 관심사와 힘을 놓치는 것이다. 이론의 관심사와 힘은 상식에 대한 폭넓은 도전으로부터, 그리고 의미의 생산과 인간 주체의 창조에 관한 탐구로부터 기인한다. 본서는 일련의 주제를 택하여, 이들 주제에 관한 중요한 문제와 논쟁에 초점을 맞추고, 또한 필자가 생각하기에 여태껏 연구되어 왔던 것에 초점을 맞추도록 했다. 그리고 부록으로 주요 비평학파나 이론적인 운동을 간략하게 개괄해 놓았다.

東文選 現代新書 34

라틴 문학의 이해

자크 가야르

김교신 옮김

　그 기원에서부터 안토니누스 왕조의 몰락까지, 엔니우스에서 아
풀레이우스까지, 라틴 문학은 힘차게 도약하고 자기를 주장하고 걸
작들을 만들어 낸다. 그처럼 오랜 문학 창작의 세월은 우리에게 시
간의 강을 거슬러 올라갈 것을 요구한다. 그것은 또한 우리가 형
식·장르·기호의 독창성에 관해 자문할 것도 요구한다. 역사에 관
해서도. 지식에 관해서도. 이 텍스트들은 어떤 상황을 필요로 한다.
오늘날 이 텍스트들을 읽을 것인가?

　서구 문학(혹은 현대 문학)의 뿌리인 라틴 문학은 17세기 서구인
들에겐 친숙했고, 17세기의 교양 있는 사람들은 모두 그 시대의 언
어와 문학을 용이하게 다루었다. 그러나 오늘날에는 소수의 라틴어
학자를 제외하고는 라틴어로 된 라틴 문학을 읽을 사람은 많지 않
다. 어떤 영화적 사건, 어떤 연극의 재상연 또는 갑작스런 유행은
한번의 관심을 불러일으킬 수 있지만, 대체로 라틴어로 된 위대한
작가들의 위대한 작품들은 여전히 대중들에겐 접근하거나 이해하
기 어려운 영역으로 남아 있다. 오늘날의 현대 문화는 이들을 다시
부활시키지는 못할 것이다. 그러나 문학 창작과 사상사의 형식에
관한 성찰을 포함하는 연구의 틀 안에서 우리는 이 값진 유산에 한
자리를 마련해 주어야 할 것이다.

　본서는 일반인 또는 대학초년생들에게 라틴 문학에 대한 독서를
도울 수 있는 정보를 상당히 총괄적으로 제공함으로써 그들의 접
근을 용이하게 해주기 위해 씌어졌다.

東文選 現代新書 77

랑가쥬 이론 서설

루이 옐름슬레우

김용숙 / 김혜련 옮김

랑가쥬라는 도구를 통하여 인간은 사고와 감정·감동·노력·의지·행위를 엮어 나간다. 이 도구로 인간은 인간 사회의 궁극적이면서도 가장 심오한 저변 영향을 주고받는다. 그러나 인간이 자신의 존재와 싸울 때, 시인이 독백하고 사상가가 명상을 하면서 갈등이 해소되는 홀로 있는 시간 동안, 랑가쥬는 인간의 최후 수단이며 은신처가 된다.

본서는 1931년에 코펜하겐 언어학파를 설립한 코펜하겐대학의 비교언어학 교수였던 루이 옐름슬레우의 저서로서, 랑가쥬 이론을 정립시킨 고전적 텍스트이다.

어의론의 창시자의 주요 업적인 본 저서는 정밀한 과학으로 구성코자 하는 언어학에 관한 이론적 기본을 규정한다. 실증주의 원칙에 입각하여 옐름슬레우는 순수한 연역 체계로 이루어진, 그래서 이 이론은 현대 논리학의 성과에서 영향을 받음으로써 랑가쥬의 모든 결합 가능성에 대한 산출을 시행할 수 있을 것이다.

자연 언어의 연구에 국한하지 않고 저자는 유사한 언어학적 구조에도 몰두하고 있다. 이는 '언어학이 랑가쥬로 간주되는 모든 인문과학의 중심에 있기' 때문이다.

본 번역서는 프랑스 미뉘출판사의 프랑스어 번역판에 의거하였다.

東文選 現代新書 72

문학논술

장 파프 / 다니엘 로쉬

권종분 옮김

　의사 소통을 하기 위해 우리 인간은 자신의 신체, 목소리, 손을 이용해 의사 표현을 한다. 그리고 글을 쓸 때, 특별히 한 손을 사용한다. 글을 쓴다는 것은 단순히 손동작만으로 충분하지 않다는 것쯤은 누구나 잘 알 것이다. 간단히 말하자면, 글로 표현한다는 것은 자신의 생각을 다듬어서 논리적으로 기술한다는 것일 수 있다. 특히 수능 시험과 같이 논술을 요구하는 상황에서 더욱 그러하다. 그러나 아직까지는 논술이란 용어가 우리에겐 국민 윤리만큼이나 이론적이다. 그런 의미에서 이 책은 한편으론 논술에 필요한 구체적이고 상세한 상황들을 제시하며, 다른 한편으론 각 장르별 문학 작품을 통한 논술의 실행으로 우리의 이해를 돕고 있다.

　이 책은 문학논술의 기술적인 측면에 접근하기 위한 방법론적 지침서를 제안한다. 각각의 단계들은——주제 분석, 문제점에 대한 정의, 개요 구성과 작문——전개된 예문들로 설명된 명확한 도움말의 대상이 된다. 일반적 주제, 또는 특별한 작품에 해당하는 8개의 주제가 해석·논의된다. 복잡하고 자주 두려움을 주는 연습 규칙들을 설명하면서, 이 책은 학생들에게 그것들을 자유자재로 다룰 수 있는 가능성을 주고자 하는 것이다.